BEDINGUNGSLOSES GRUNDEINKOMMEN in LUXEMBURG

- Bewusstsein, Kommunikation, Wille -

TRANSPERSONAL - INTEGRAL
DREIGLIEDRIG -TETRAEDRISCH

Alfred Groff

Herstellung und Verlag:
Books on Demand GmbH, Norderstedt

ISBN 978-3-8423-0047-7

Autor: Alfred Groff, Dr.phil.

Initiative „Integrale Bewusstseins- und
Gesellschaftsentwicklung (IBG)"
der „Main Transpersonale Kaer a.s.b.l." (MTK asbl)

Institut für integrale Praxis, mehr Demokratie und soziale
Dreigliederung der „Initiative zur Erweiterung der
Demokratie a.s.b.l." (Demokratie asbl)

B.P. 54
L-8005 Bertrange (Luxembourg)

Web: www.mtk.lu und www.demokratie.lu

Erscheinungsdatum: November 2010

TRANSPERSONAL

INTEGRAL

DREIGLIEDRIG

TETRAEDRISCH

... der Zukunft gewidmet

INHALTSVERZEICHNIS

EINLEITUNG (S.7)

DAS „TETRAEDRISCHE" BEWUSSTSEIN
Dreigliederung dreidimensional denken und in integrale Politik umsetzen (S.9)

PERSPEKTIVEN DIREKTER DEMOKRATIE IN LUXEMBURG (S.37)

BEDINGUNGSLOSES GRUNDEINKOMMEN: ÜBERSICHT / LINKS (S.42)

BEDINGUNGSLOSES GRUNDEINKOMMEN: ARTIKEL (S.48)

  ° „Bürgergeld", „Direkte Demokratie" und „Neutrales Geld"
   als Handlungsimpulse zur Gestaltung einer dreigliedrigen
   europäischen Gesellschaftsentwicklung im 21. Jahrhundert (S.48)

  ° Die Zukunft denken: Bedingungsloses Grundeinkommen,
   mehr sinnvolle Beschäftigung und weniger Bürokratie durch
   Abschaffung der Lohnnebenkosten und der Einkommens-
   und Unternehmenssteuern! (S.59)

  ° Statt Vollbeschäftigungsillusion ein Recht auf Einkommen? (S.71)

  ° Recht auf Einkommen statt Recht auf Arbeit! (S.75)

  ° Soziale Maßnahmen: „neblig bis trüb" (S.81)

  ° Sozial Handeln (S.85)

  ° Bedingungsloses Grundeinkommen und Konsumsteuer ... (S.88)

  ° Fric-Changes (S.90)

  ° AussteigerInnen, Eremiten und bedingungsloses Grundeinkommen (S.91)

BEDINGUNGSLOSES GRUNDEINKOMMEN: LESERBRIEFE (S.93)

   ° Negativsteuer und Bürgergeld statt RMG!? (S.93)

   ° Bedingungsloses Grundeinkommen als Leitstern für die Zukunft! (S.95)

   ° 1000€ gratis! (S.96)

   ° Bravo Herr Juncker! (S.97)

   ° RMG radikal kürzen
     oder bedingungsloses Grundeinkommen einführen? (S.98)

   ° Ist ein bedingungsloses Grundeinkommen realistisch? (S.99)

   ° "Grundeinkommen oder Dreigliederung." (S.101)

   ° ABC des Grundeinkommens (S.103)

   ° Der Mensch ist auf der Welt um zu arbeiten.(S. 106)

ANHANG zum THEMA ARBEIT:
WACHSTUM und VOLLBESCHÄFTIGUNG (S.108)

ZUM AUTOR (S.121)

ZU DEN VEREINEN (S.125)

<u>EINLEITUNG</u>

Warum hat dieses Buch den Untertitel „Bewusstsein, Kommunikation, Wille"?

Bevor ein bedingungsloses Grundeinkommen „von oben herab" eingeführt wird, müssen die interessierten Menschen zunächst verstehen, was mit dem Begriff „bedingungsloses Grundeinkommen" überhaupt gemeint ist.

Es ist ein Einkommen, das bedingungslos jedem Mitglied einer politischen Gemeinschaft gewährt wird. Es soll

- die Existenz sichern und gesellschaftliche Teilhabe ermöglichen,
- einen individuellen Rechtsanspruch darstellen,
- ohne Bedürftigkeitsprüfung ausgezahlt werden,
- keinen Zwang zur Arbeit bedeuten.

Das bedingungslose Grundeinkommen ist vergleichbar mit einem Kindergeld für Erwachsene. Kindergeld erhält man ohne wenn und aber, weil man ein Kind ist. Genau so würde jeder das bedingungslose Grundeinkommen erhalten, weil er ein Mensch ist. Jeden Monat würde das Einkommen ohne weitere Bedingungen (ausser der territorialen) auf das jeweilige Bankkonto fließen.

Richtig verstanden ist das bedingungslose Grundeinkommen **KEINE** soziale Maßnahme, das sozialen Randgruppen in Not zufließt (Arbeitslosen, Kranken, Behinderten ...), sondern ist eine gesellschaftspolitische Maßnahme in dem Sinne von Rudolf Steiners „sozialem Hauptgesetz": „Das Heil einer Gesamtheit von zusammenarbeitenden Menschen ist um so größer, je weniger der einzelne die Erträgnisse seiner Leistungen für sich beansprucht, das heißt, je mehr er von diesen Erträgnissen an seine Mitarbeiter abgibt, und je mehr seine eigenen Bedürfnisse nicht aus seinen Leistungen, sondern aus den Leistungen der anderen befriedigt werden." Um dies zu ermöglichen, erhält jeder Bürger als Startkapital das bedingungslose Grundeinkommen. So verstanden, nutzt es allen Bürgern!

Um das bedingungslose Grundeinkommen in seiner ganzen Tragweite zu verstehen und damit es nicht nur aus einer einseitigen Perspektive gesehen wird, beschäftigt sich das Kapitel über das „tetraedrische" **BEWUSSTSEIN** mit der Schulung eines integralen Bewusstseins. Die mehrschichtigen gesellschaftspolitischen Potentiale des bedingungslosen Grundeinkommens gehen verloren, wenn man es nur als Gratis-Geldquelle ansieht.

Oft gibt es zwei Haupteinwände dem bedingungslosen Grundeinkommen gegenüber:

1. „Das ist nicht finanzierbar!" Dass dem nicht so ist, haben die Experten in verschiedensten Varianten mehrfach ausgerechnet und nachgewiesen.

2. „Dann arbeitet die Mehrheit nicht mehr!" Die große Mehrheit behauptet von sich selber das Gegenteil, glaubt allerdings, die anderen würden dann nicht mehr arbeiten. Diese Vermutung hat nichts mit der effektiven Arbeitsmotivation der Menschen zu tun, sondern mit dem Vertrauen gegenüber den Mitmenschen.

Vor- und Nachteile der verschiedenen Varianten eines bedingungslosen Grundeinkommens als Laie oder Experte zu diskutieren, verlangt nach einem Rahmen, einer adäquaten Plattform und der nötigen Zeit. Das Verfahren einer dreistufigen Volksgesetzgebung bietet diesen Rahmen. Die Informations- und Diskussionsphasen eines solchen Prozesses dienen dabei den Interessenten als Bildungsprozess und Bewusstseinserweiterung. Wie es um diese Möglichkeit der demokratisch-integrativen **KOMMUNIKATION** in Luxemburg steht, wird im Kapitel über die direkte Demokratie in Luxemburg erörtert.

Am Ende eines solchen Prozesses steht schlussendlich die **WILLE**nsfrage. Will die Mehrheit der Betroffenen ein bedingungsloses Grundeinkommen? Auf Basis von Sachkenntnis und freier Entscheidung sollte jeder Bürger sein Votum abgeben können. Wie weit geht das Vertrauen der Politiker in die Bürger, die sie gewählt haben? Ist es undemokratisch oder droht Chaos, wenn die Bürger in einzelnen Sachfragen ihre Interessen vertreten?

Die Kapitel über das bedingungslose Grundeinkommen in Luxemburg im ersten Jahrzehnt des neuen Jahrhunderts (2001-2010) sind aufgeteilt in:

*   Übersicht und Links
*   Artikel
*   Leserbriefe

Absichtlich verzichte ich auf eine Schlussfolgerung. Jeder ist frei, selbst zu dem nötigen Urteil zu kommen.

Alfred Groff

DAS „TETRAEDRISCHE" BEWUSSTSEIN

- Dreigliederung dreidimensional denken und in integrale Politik umsetzen -

Im Zeitalter der neoliberalen Globalisierung und des Lobbyismus, des Demokratiedefizits im laufenden EU-Prozess und eines den Eliten und wirtschaftlichen Multis dienenden Geldbegriffes, sind ein ganzheitliches Umdenken und daraus resultierende Handlungen im sozialen Organismus vonnöten.

I. Meditativ-Tetraedrische Kreativität

Die Perspektiven

Eines der Hauptprobleme der Menschen- und Welterkenntnis besteht darin, nur einen Teilaspekt der Wirklichkeit zu erkennen und diesen als das Ganze anzusehen. Ab dem Kindesalter wird den Menschen oft kommentarlos nur eine eingeschränkte Perspektive der Welt vermittelt. Eltern, Lehrer und die Presse stellen gern die Sensationen oder eine prachtvolle Scheinwelt in den Mittelpunkt. Der von derartigen Ideologien, von Informationsflut oder Werbestrategien beeinflusste Mensch fühlt sich schnell unvollkommen und unzufrieden und wird zum Konsum angeregt, um den künstlich hervorgerufenen Mangelzustand zu beheben.

Vereinfachte und noch so attraktive Darstellungen treffen selten die volle Wirklichkeit. Es gibt meistens wesentlich mehr Perspektiven als zunächst angenommen.

Die Begriffe

Die vielen möglichen Perspektiven können nur dann adäquat erfasst werden, wenn man mit klaren „Begriffen" arbeitet. In ihrem „Aufruf zur Alternative" schrieben Joseph Beuys und Wilfried Heidt (1): *„Leider lebt, gerade in politisch alternativ denkenden Kreisen, vielfach noch die Ansicht, auf die Begriffe käme* *es nicht an. Dieses leichtfertige Vorurteil muss überwunden werden, wenn die neue soziale Bewegung eine Ausstrahlung bekommen und eine politische Kraft werden will. Denn mit Begriffen ist immer eine sehr weittragende Praxis verbunden, und die Art und Weise, wie über einen Sachverhalt gedacht wird, ist entscheidend dafür, wie man mit diesem Sachverhalt umgeht ...".* Rudolf Wassermann erklärte schon vor mehr als 20 Jahren in seinem Buch über die Zuschauerdemokratie, dass der Kampf um die Macht ein Kampf um Begriffe sei. Und 2006 hieß ein Vortrag von Oskar Lafontaine zum Thema der Manipulation in der Politik: „Wir wollen klare Begriffe haben" (2).

Wichtig ist hier vor allem, dass der Begriff nicht das ist, was wir schon begriffen haben, also ein fertiges Produkt oder eine vorgegebene Definition, sondern etwas, was wir erst durch Bewusstseinsarbeit zu ergreifen haben. Dazu ist kreatives Denken aus allen möglichen Perspektiven erforderlich. *„Die Konzentration auf das Denken beziehungsweise auf die Begriffe, die aus der Denkfähigkeit entstehen, bewirkt eine Erkraftung dieses Denkens und macht die Verbindung mit der geistigen Welt immer bewusster"* (3). Neue Begriffserfahrungen müssen zugelassen werden. Die Frage lautet: Was will sich aus mir heraus gestalten? Begriffe sollen das Leben nicht interpretieren, sondern das Leben schaffen. Denken schafft Realität. Gedachte Zukunft muss ein frei gestalteter Aufwachprozess sein, also etwas anderes als die hochgerechnete Vergangenheit.

Die meditativ-tetraedrische kreative Grundübung

Zur Förderung dieser Art des Denkens hat sich die „Meditativ-Tetraedrische Kreativitätsübung" als hilfreich erwiesen. Ein Tetraeder ist einer der fünf platonischen Körper, genauer ein dreidimensionaler Vielflächner mit vier kongruenten gleichseitigen Dreiecken als Flächen, sechs gleichlangen Kanten und vier Ecken, in denen jeweils drei Flächen zusammentreffen. Das Tetraeder ist auch eine gleichseitige dreiseitige Pyramide mit einem gleichseitigen Dreieck als Grundfläche. Es beinhaltet in seiner Struktur gleichzeitig die Drei (Dreiecke) und die Vier (vier Flächen). Die sogenannte „MTK-Übung" möchte vor allem das kreative Umgehen mit Perspektiven an Hand von Begriffen initiieren. Es geht zunächst um Bewusstseinsschulung mittels eines tetraedrischen Basis-Modells. Man stelle sich ein Tetraeder vor (4) mit einem beliebigen Begriff als Spitze des Tetraeders. Was stellen die drei Seiten des Tetraeders dar? Statt bipolarem Denken ist dreidimensionales Denken gefragt. Was kann die Basis, also das Vierte sein? Hat sie mit dem noch Unsichtbaren, dem noch zu Entdeckenden zu tun? Als seien wir menschliche Computer, deren Programmiersprache nur die 1 und die 0 kennt, so lernen wir von klein auf, ausschließlich die Polarität "richtig-falsch" anzuwenden. Umwege und Fehler und ihre Lernmöglichkeiten haben da nur wenig Platz. Gibt es ein Drittes, so sehen wir oft nur die Mitte, das Mittelmaß, also neben Schwarz und Weiß eine Graustufe. Es gilt nun die Augen und das Herz für das "kreative" Dritte oder gar das "farbige" Vierte zu öffnen. Was gibt es unter der Basis des Tetraeders zu entdecken? Was eröffnet sich in dem Falle, wo das Tetraeder auf der Spitze steht und die Basis nach oben zeigt? Würde das Tetraeder ein Menschenseele darstellen, könnte dies der noch unbewusste „Schatten" (5) oder das zu erforschende „Trans-personale" sein.

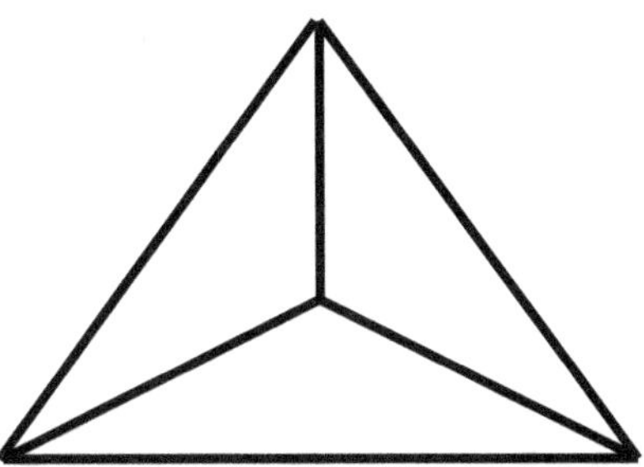

Mit einem Tetraeder kann man würfeln. Man kann es kippen oder rotieren lassen. In diesen Fällen sieht es noch gleich aus und trotzdem ist die Perspektive nicht mehr die Gleiche. Numeriert man die Seiten des Tetraeders wird dies sichtbar. Aus jeder Ecke ist die Perspektive eine andere. Richtig und falsch gibt es hier nicht mehr. Jede Ecke des Tetraeders kann wieder als Tetraeder vorgestellt werden. Dies stellt dann eine Detailansicht dar. Man kann auch mehrere Aspekte des Tetraeders auf diese Weise denken und vergleichen. Oder man kann die gefundenen Antworten mit denjenigen eines anderen Menschen oder einer Gruppe abwägen. Zuhören und vor allem die eingenommene Perspektive immer wieder loslassen ist gefragt.

Weitere Übungsansätze

Zum Üben der flexiblen kreativen Denktätigkeit kann man zusätzlich die Beschäftigung mit Kaleidozyklen (6) empfehlen oder Umstülpungsüberlegungen als dynamisches Prinzip zum Verständnis der Dreigliederung des Sozialen Organismus wie sie Johannes Stüttgen entwickelt (7). Weiter können zu dem gleichen Zwecke Texte zu verschiedenen Aspekten der Dreigliederung dienen, wie die von Karl Heyer, Hans Kühn, Dietrich Spitta oder Rudolph Steiner selbst, wobei man aber hierbei aktiv danach trachten muss, vereinfachende Analogien oder ins Leere führende rigide schematische Denkvorgänge zu vermeiden (8).

Eine ganzheitliche multiperspektivische Betrachtung des Menschen

Man stelle sich ein Tetraeder vor. Von seiner Basis aus stülpe man es über seine Spitze, so dass beide zusammengedacht ein **Doppeltetraeder** bilden, das sich mit den jeweiligen Spitzen berührt. Über dem Doppeltetraeder stelle man sich eine Kugel vor. Diese Vorstellung soll nun als Grundmodell, als Landkarte des Menschen dienen.

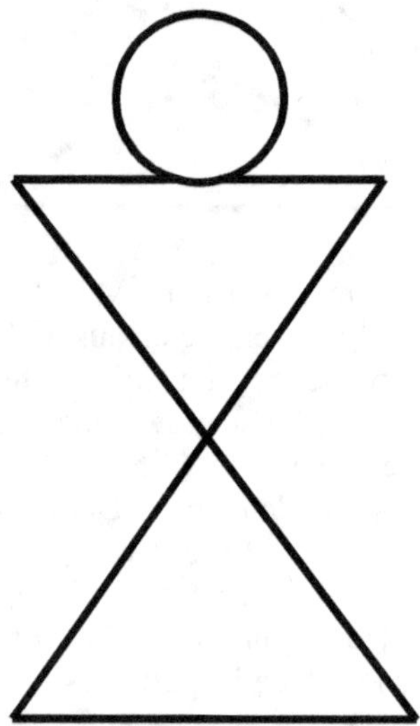

Zweidimensional betrachtet sieht die Figur wie ein großes X aus mit einem Kreis darüber. Dieses Modell erinnert an den vitruvianischen Menschen, den Leonardo da Vinci gezeichnet hat: zwei Arme ragen gegen den Himmel und er steht mit gespreizten Beinen auf der Erde. Das dreidimensionale Bild erinnert auch an einen Kelch. Man könnte ihn als den "inneren Gral" bezeichnen, den jeder Mensch während seines irdischen Lebens in sich verwirklichen kann.

Das Modell geht von der Trinität als Gestaltungsprinzip der Entwicklung aus. Jedes der drei Grundprinzipien enthält in sich aber jeweils wieder die beiden anderen. Sie wirken zusammen in einem harmonischen Gleichgewicht als Ganzes.

Das **untere Tetraeder** des Doppeltetraeders stellt das **äußere soziale Beziehungsnetz** des Menschen dar, seine Verankerung im Außen, in der Natur und im sozialen Organismus und das **obere Tetraeder** die **inneren Aspekte des Individuums.** Die **Kugel** über dem Doppeltetraeder gilt als Repräsentant des „höheren geistigen Ichs" des Menschen („**mein transpersonaler Kern**" / „**unique self**"), dem Mittler zwischen dem Irdischen und dem Absoluten. Als Hauptziel dieses Modells gilt die Bewusstwerdung aller inneren und äußeren Aspekte und Perspektiven unserer Handlungen, damit einseitiges Handeln und daraus entstehende Konflikte vermieden werden können. Diese relativen Teilansichten sind immer alle gleichzeitig vorhanden.

Die mittlere Achse oder das **Rückgrat des Doppeltetraeders,** also die Vertikale von der oberen Spitze bis zur Mitte der Basis, symbolisiert die karmischen Themen unserer jetzigen Inkarnation. Diese Vertikale repräsentiert den **Zugangskanal zum Höheren-Ich** zur Schau der geistigen Welten (9). Dieser Weg erfüllt nicht den Zweck der eigenen Ent-Ichung und Überwindung der Welt, sondern der Inspiration für das soziale Wirken auf dieser Erde, damit gemeinsame evolutive Entwicklungsschritte möglich werden. Man könnte auch sagen, dass dies die **Achse des „Elementes der Liebe"** ist, im Sinne Rudolf Steiners (10).

Natürlich befindet man sich bei der Betrachtung eines Modells zunächst am formalen „Kältepol" (Joseph Beuys), dem logischerweise die Schritte in den bewegten lebendigen Prozess folgen müssen, was wir in den weiteren Kapiteln dieses Beitrags erörtern werden.

Individuelles BEWUSSTSEIN		
SEELEN-ICH	SOZIAL-ICH	KÖRPER-ICH
	Physischer KÖRPER in der NATUR	
„KÜNSTLER"	BÜRGER	KONSUMENT
GESELLSCHAFT		

III. Ganzheitliches Denken, Gesundheit, individueller Schulungsweg

In der Praxis stehen die verschiedenen Aspekte des vorgestellten theoretischen Modells natürlich in wechselseitiger Beziehung und bilden eine Verflechtung mannigfaltiger Rückbezüge und aufeinander Einwirkens. Interessant ist sicher die Frage, wie meine Aktivitäten in den verschiedenen gesellschaftlich-sozialen Gliedern mit denjenigen meiner Seelenglieder zusammenhängen. Es wurde schon erwähnt, dass das Modell zum Nachdenken und zum Dialog anregen möchte. Wie aber ist es mit der individuellen Praxis? Was können meine Taten mir persönlich und meinen Mitmenschen bringen, im Sinne des bekannten Mottos "global denken, individuell handeln"?

Das Tetraeder des Innenlebens (der individuelle Organismus)

Um das ganzheitliche Denken zu fördern, wollen wir zunächst das obere „innere" Tetraeder des Modells genauer betrachten (11).

Wie sieht die modellhafte integral-tetraedrische Landkarte meines Innenlebens aus? Dafür wird das Tetraeder in seine vier Ecktetraeder unterteilt. Man kann sich das so vorstellen, dass die drei Basisecken des unteren Ecktetraeders (im tetraedrischen Modell weist dessen Spitze nach unten und bildet die Mitte des Modells) von den Spitzen der drei oberen Ecktetraeder berührt werden. Welche Aspekte dieser vier Tetraeder gilt es jetzt zu unterscheiden?

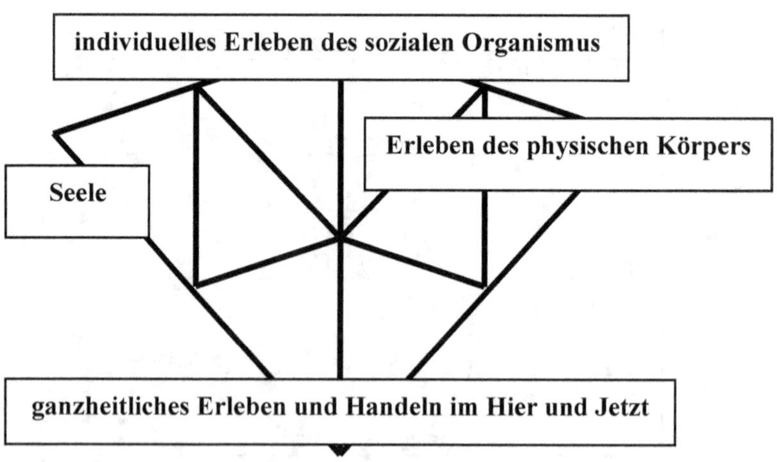

Das untere Ecktetraeder entspricht dem **physischen Körper des Menschen**, auf dem sein Innenleben aufbaut. Seine Spitze steht für das ganzheitliche menschliche Erleben und Handeln im Hier und Jetzt.

Die drei Eckkanten werden gebildet durch das Nerven- und Sinnessystem, das Atem- und Blutkreislaufsystem und das Stoffwechsel- und Gliedmaßensystem. Die drei Kanten der Basis repräsentieren den ätherischen Lebensfluss („Eros").

dreidimensional

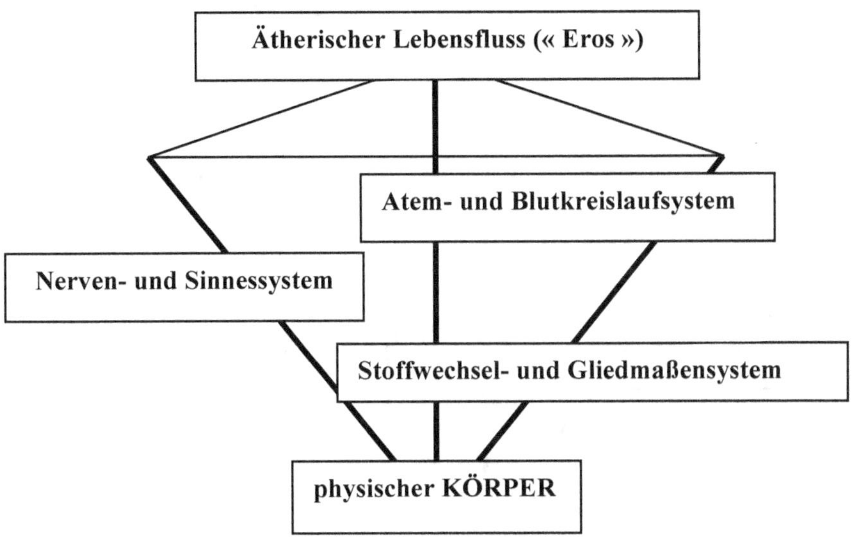

Ätherischer Lebensfluss (Eros)		
Nerven- und Sinnessystem	Atem- und Blutkreislaufsystem	Stoffwechsel- und Gliedmaßensystem
	ganzh. ERLEBEN und HANDELN im HIER und JETZT	

zweidimensional

Das erste obere Ecktetraeder entspricht der **Seele des Menschen**. Seine Spitze steht für das „Seelen-Ich".

Die drei Eckkanten werden gebildet durch das Denken, das Fühlen und das Wollen. Die drei Kanten der Basis repräsentieren den individuell-psychischen Bewusstseinsprozess.

dreidimensional

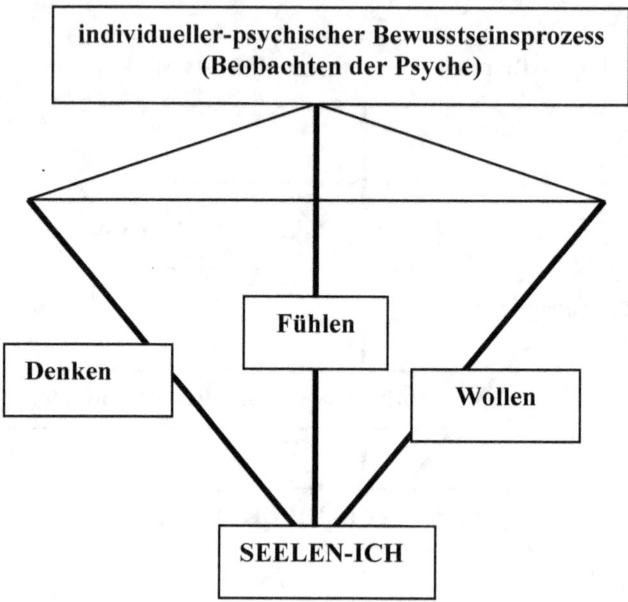

zweidimensional

individuell - psychischer Bewusstseinsprozess		
Denken	Fühlen	Wollen
	SEELEN - ICH	

Das zweite obere Ecktetraeder entspricht dem **individuellen Erleben des sozialen Organismus**. Seine Spitze steht für das „Sozial-Ich".

Die drei Eckkanten werden gebildet durch das Erleben der Kultur, des Rechtsstaates (der Demokratie) und der Wirtschaft. Die drei Kanten der Basis repräsentieren das Bewusstsein der sozialen Austauschprozesse.

dreidimensional

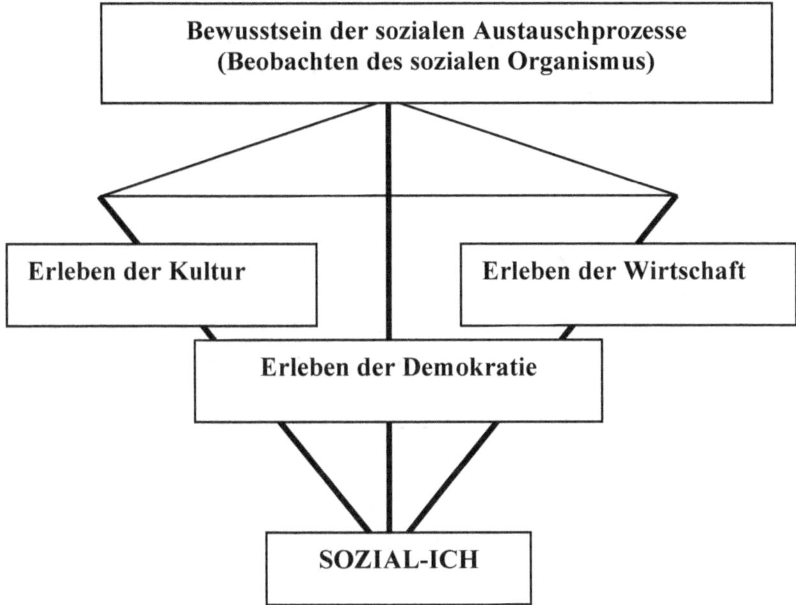

zweidimensional

Bewusstsein der sozialen Austauschprozesse		
Erleben der Kultur	Erleben der De-mokratie	Erleben der Wirtschaft
	SOZIAL-ICH	

Das dritte obere Ecktetraeder entspricht dem **Erleben des physischen Körpers**. Seine Spitze steht für das „Körper-Ich".

Die drei Eckkanten werden gebildet durch das Erleben des Nerven- und Sinnessystems, des Atem- und Blutkreislaufsystems und des Stoffwechsel- und Gliedmaßensystems. Die drei Kanten der Basis repräsentieren das Bewusstsein der individuellen Handlungen.

dreidimensional

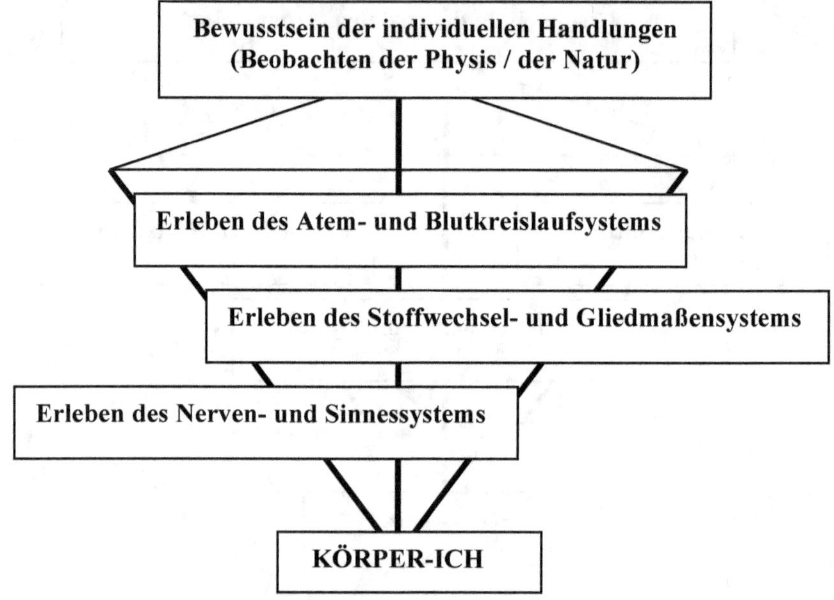

zweidimensional

Bewusstsein der individuellen Handlungen		
Erleben des Nerven- und Sinnessystems	Erleben des Atem- und Blutkreislaufsystems	Erleben des Stoffwechsel- u. Gliedmaßensystems
	KÖRPER-ICH	

Bewusstseinsniveaus, Bewusstseinszustände und Bewusstseinsstörungen

Betrachtet man die genannten Aspekte eines Menschen, so stellt man fest, dass sie, die Bewusstseinsniveaus betreffend, sehr unterschiedlich entwickelt sein können. Darüber hinaus befinden sich manche Aspekte in verschiedenen Bewusstseinszuständen (hellwach, träumerisch, schlafend usw.), wieder andere können Bewusstseinsstörungen, wie Schattenanteile oder Verdrängungen, aufweisen. Das harmonische Zusammenspiel aller Aspekte ist die Grundvoraussetzung für die Gesundheit des Menschen.

Der Wille

Manch einer mag die Auflistung der verschiedenen Aspekte und Perspektiven widerwillig gelesen haben, aber das zeigt nur, wie sehr unser Wille noch schläft und wie gerne wir etwas vereinfacht und einseitig wahrnehmen. Dabei ist diese Landkarte des Innenlebens ja schon eine extreme Vereinfachung einer weitaus komplexeren Realität. Immer wieder liest man von der Dreiheit „denken, fühlen und handeln" oder von der Vierheit „körperlich, emotional, mental und spirituell". Der Wille wird dabei übergangen, aber ein Handeln aus reinem Denken und Fühlen heraus ist willenlos. Wie kann ein willenloser Mensch in der heutigen Welt bewusst Verantwortung übernehmen, die er individuell zu tragen hat? Die Folge einer solchen Einstellung ist die allgegenwärtige Delegation der Verantwortung an „Spezialisten" wie Wissenschaftler, Politiker und Ökonomen (12). Nimmt man aber die Beobachterrolle (Spitze des Tetraeders) ein und sieht die verschiedenen Möglichkeiten (Tetraederbasis), können daraus Entscheidungen aus freiem Willen entstehen („Meditativ-Tetraedrische Kreativitätsübung".)

Innerer Dialog

Wie können wir uns schulen es besser zu machen? Eine Hilfe auf der sozialen Ebene stellen innovative Kommunikationsmethoden wie der „Bohmsche Dialog" oder die Welt- und Evolutions-Cafés dar. Dabei wird versucht, die gesammelte Kreativität und kollektive Intelligenz einer Gruppe zu stimulieren. An die Stelle assoziativer Gedankengänge, Rechthaberei oder Nichtzuhören tritt der Versuch, ausschließlich das gemeinsame Thema voranzubringen. Die Kommunikation wird verlangsamt, das Bewusstsein durch ein meditatives Betrachten aller Äußerungen gestärkt. Ein solches Vorgehen kann ebenso auf den intra-personellen Dialog aller Perspektiven der beschriebenen Landkarte angewandt werden. Jede Teilpersönlichkeit oder jede innere Stimme („Voice Dialogue") einer Person kann, wie das Mitglied eines Teams, lernen, in den Gesamtprozess einzutauchen und seine spezifischen konstruktiven Beiträge zu leisten.

<u>Fragen an sich selber</u>

Es könnte sich lohnen, die folgenden Fragen, die mit den Perspektiven der verschiedenen Kanten der drei oberen Ecktetraeder des „inneren" Tetraeders verbunden sind, auf die angedeutete Weise zu bewegen:

1. Wie denke ich? Kann ich meine Gedanken kontrollieren oder kontrollieren sie mich?

2. Wie fühle ich? Bin ich fähig in Gelassenheit emotional zu reagieren?

3. Was will ich? Kann ich die Entwicklung meiner Handlungsinitiativen steuern?

4. Bin ich fähig, eine positive und aufgeschlossene Einstellung zu pflegen?

5. Kann ich meine kreativen Potenziale in meinem täglichen Leben frei zur Geltung bringen?

6. Wie stehe ich zu meinen Rechten und Pflichten gegenüber meinem Partner, meinen Familienangehörigen, meinen Freunden, meinen Arbeitskollegen und meinen Mitbürgern?

7. Bin ich bereit, alles zu tun was in meiner Macht steht, um die Bedürfnisse meiner Mitmenschen zu erfüllen, vorausgesetzt meine Grundbedürfnisse sind garantiert?

8. Welche Rolle spielt das Geld in meinem Leben? Zeit = Geld? Geld = Zeit?

9. Versuche ich, meine Sinne zu entwickeln?

10. Bin ich mir meines Atmens und meiner inneren Blockaden bewusst?

11. Ernähre und bewege ich mich angemessen?

12. Bin ich mir bewusst, wie und warum ich handle, wie ich es zu tun pflege?

Um eine ganzheitliche Entwicklung des Bewusstseins zu ermöglichen, darf bei der Betrachtung der verschiedenen Perspektiven nicht vergessen werden, dass sie alle in eine ganzheitliche geistige Evolution eingebettet sind und dass nur so ihr voller Sinn erfasst werden kann.

Integrale Praxis

Es ist hilfreich adäquate Übungsansätze für die körperlichen, seelischen und geistigen Bereiche des Menschseins zu finden. Ken Wilber schlägt als grundlegende Module einer integralen Praxis folgende vier Grundmodule vor:

- das kinästhetische bzw. physische Modul (Ernährung, anabolische Übungen, Herz/Kreislauf-Übungen, Körperarbeit)
- das kognitive bzw. mentale Modul (Vision, Wissen, Perspektiven einnehmen, Ausdruck)
- das psychodynamische bzw. Schattenmodul (Schattenarbeit, Traumarbeit, Innerer Dialog) und
- das kontemplative bzw. meditative Modul (Formlose Meditation, Meditation mit Formen, Untersuchungen, Gebet, Bewegungsmeditation).

Darauf aufbauend können im Laufe der Zeit weitere hinzukommen wie das Beziehungsmodul, das romantisch/sexuelle Modul oder das In-der-Welt-sein-Modul.

IV. Integrale Politik als zeitgemäßer Impuls für den sozialen Organismus

Eine individuelle Entwicklung, die nicht auch soziale Auswirkungen hat, gerät schnell in eine Sackgasse. Ausgewogenheit ist gefragt, das Eine schließt das Andere keineswegs aus, auch wenn es phasenweise Prioritäten geben mag. Nicht umsonst hat Rudolf Steiner seinen inneren Schulungsweg um Impulse für den sozialen Organismus ergänzt. Soziale Dreigliederung, also "Freiheit im Geistesleben, Gleichheit im Rechtsleben und Brüderlichkeit im Wirtschaftsleben" als zeitgemäße Fragestellungen.

Das Tetraeder des Aussenlebens (der soziale Organismus)

Wie sieht nun das konkrete Umfeld des Menschen aus? Analog zur inneren Landkarte des Menschen kann eine äußere Landkarte des Menschen erstellt werden. Bei der genaueren Betrachtung des unteren Tetraeders des tetraedrischen Modells kann man sich vorstellen, dass auf den Spitzen der drei unteren Ecktetraeder ein oberes Ecktetraeder steht (11).

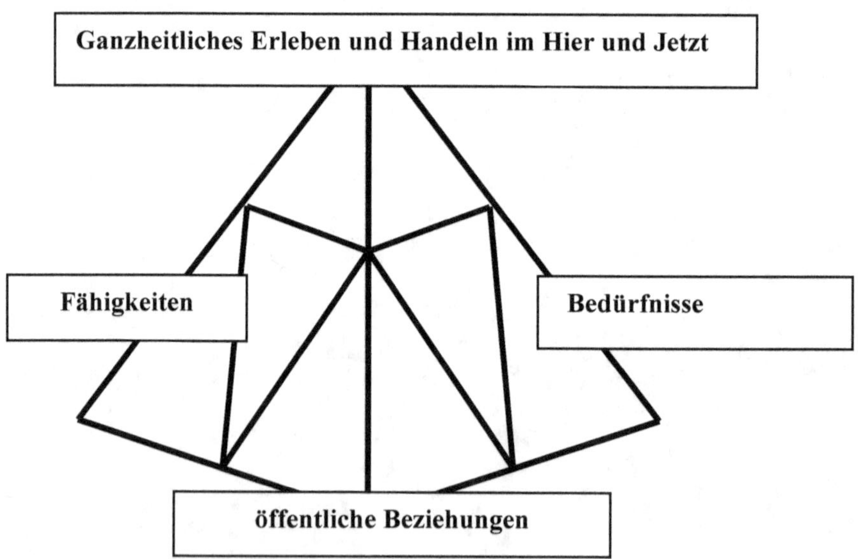

Das obere Ecktetraeder entspricht der **natürlichen Umgebung des Menschen**, auf dem der soziale Organismus aufbaut. Seine Spitze steht wiederum für das Erleben und Handeln des inkarnierten Menschen. Die drei Eckkanten werden gebildet durch die Naturprozesse (Evolution), die Naturregeneration (Ausgleich) und die Naturressourcen (Geschenke). Die drei Kanten der Basis repräsentieren den kosmischen Licht-Energie-Informationsfluss.

dreidimensional

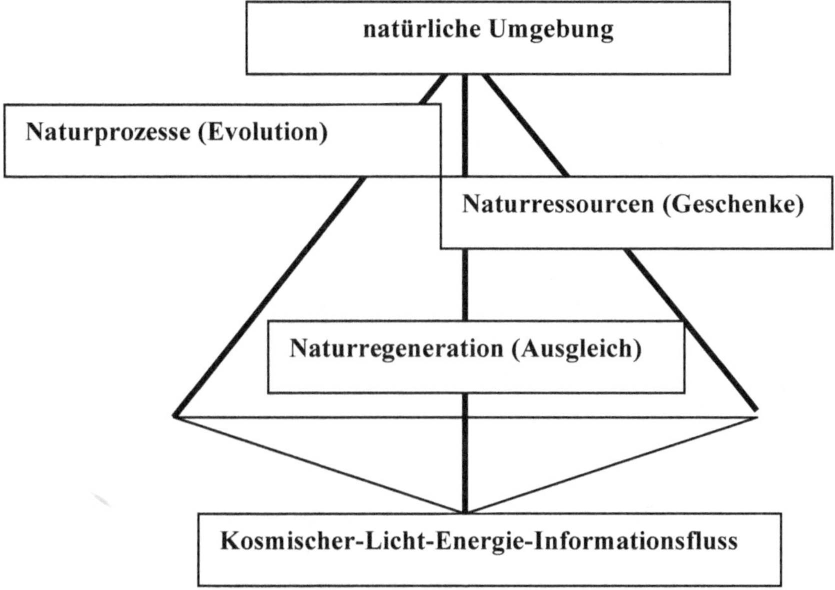

zweidimensional

	ganzh. ERLE-BEN und HAN-DELN im HIER und JETZT	
Naturprozesse (Evolution)	Naturregeneration (Ausgleich)	Naturressourcen (Geschenke)
Kosmischer Licht-Energie-Informationsfluss		

Im ersten unteren Ecktetraeder tritt der Mensch mit seinen **Fähigkeiten** auf. Seine Spitze nennen wir den „Künstler" (im Sinne von Beuys). Die drei Eckkanten werden gebildet von der Wissenschaft (das „Wahre"), der Kunst (das „Schöne") als Austausch des Künstlers mit der Materie oder anderen Menschen und der Moral / der Grundwerte (das „Gute"). Die drei Kanten der Basis repräsentieren den kollektiven geistigen Erkenntnis- und Informationsfluss.

dreidimensional

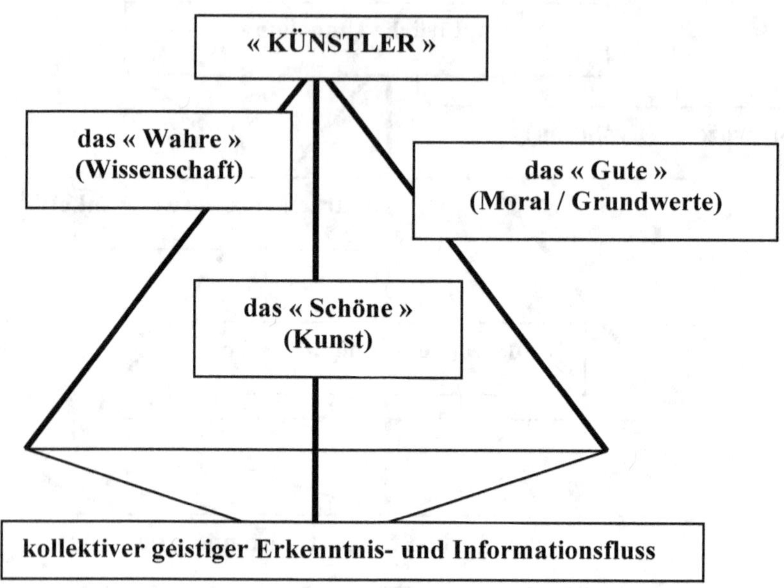

zweidimensional

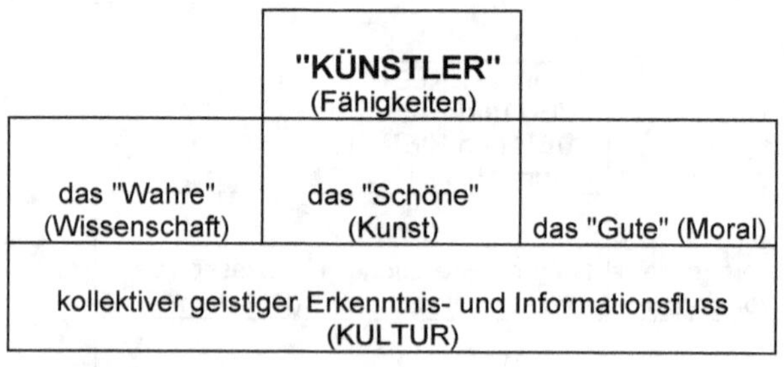

Im zweiten unteren Ecktetraeder lebt der Mensch seine **öffentlichen Beziehungen** (13). Seine Spitze nennen wir den „Bürger". Die drei Eckkanten werden gebildet von den politischen Ideen und Initiativen, der politischen Diskussion und den politischen Entscheidungen (entsprechend der dreistufigen Volks-gesetzgebung). Die drei Kanten der Basis repräsentieren die politisch-rechtlichen Entwicklungsprozesse und die Geldflüsse (Geld als Thema des Rechtslebens). Zwischen ihnen zirkuliert das Geld auf eine „krankhafte" oder auf eine harmonische Art und Weise in Form von Leihgeld, Kaufgeld und Schenkgeld (14).

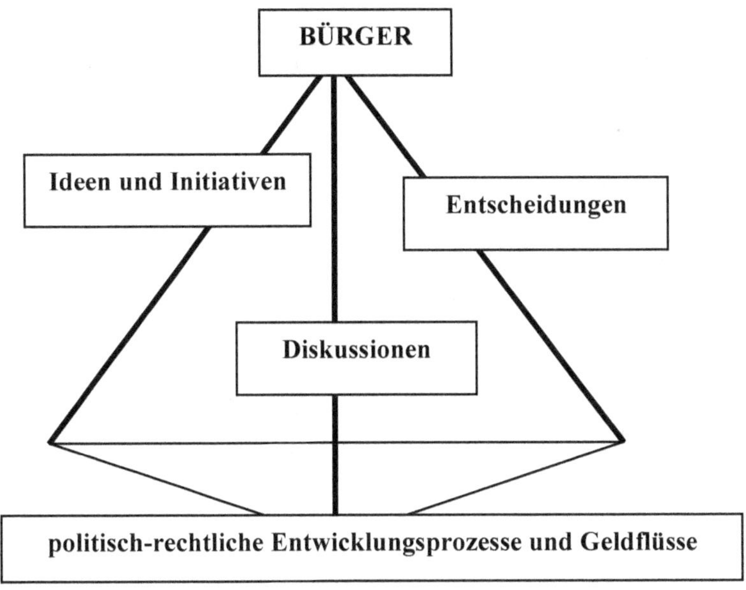

Im dritten unteren Ecktetraeder befriedigt der Mensch seine **Bedürfnisse**. Seine Spitze nennen wir den „Produzent-Konsumenten". Die drei Eckkanten werden gebildet durch die Produktion, den Handel und den Konsum. Die drei Kanten der Basis repräsentieren den Waren- und Dienstleistungsfluss.

dreidimensional

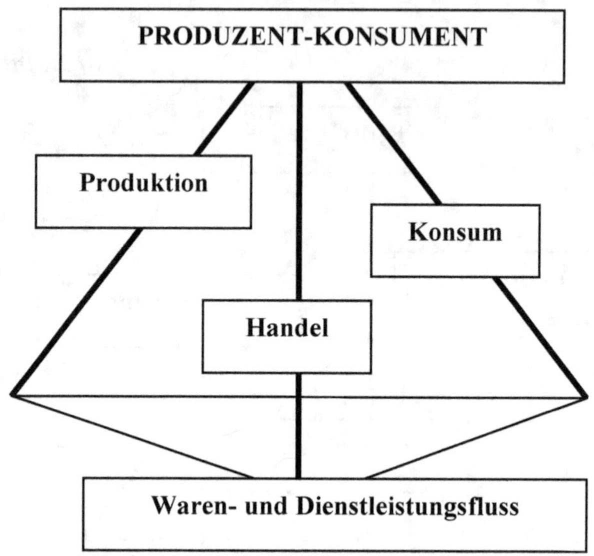

zweidimensional

Die Ideale „Freiheit, Gleichheit, Brüderlichkeit", die Grundbedürfnisse und die Ängste

Wir sprechen von „Produzent-Konsument", weil in unserer arbeitsteiligen Gesellschaft nicht nur jeder konsumiert, um seine Bedürfnisse zu erfüllen, sondern jeder auch arbeitet. Wofür steht hier der Begriff der Arbeit? Arbeit heißt etwas zu tun, das einem oder mehreren Mitmenschen dient. Gibt es jemanden, der das nicht tut? Eine weltzentrierte Wirtschaft handelt im Bewusstsein des Miteinanders aller Menschen. In jedem Produkt und jeder Dienstleistung steckt direkt oder indirekt die Arbeit unzähliger Menschen, ob sie nun dafür einen Lohn empfangen oder nicht.

Um dies weiterhin tun zu können, müssen sie alle ihre physischen Grundbedürfnisse erfüllen können. Dazu brauchen sie ein Einkommen. Dies könnte das bedingungslose Grundeinkommen sein (auch in Form einer umlaufgesicherten Regionalwährung). Jeder Bürger erhält die gleiche gesetzlich festgelegte finanzielle Zuwendung (Gleichheit), die die Existenz und die gesellschaftliche Teilhabe sichert (Brüderlichkeit = Solidarität und Angstabbau) und für die keine vorher definierte Gegenleistung erbracht werden muss (Freiheit).

Neben den physischen Grundbedürfnissen hat der Mensch das seelische Grundbedürfnis des sinnvollen Handelns. Arbeiten sollte der Mensch in freier Selbstbestimmung aus seinem inneren kreativen Impuls heraus. Das dritte Grundbedürfnis ist der soziale Austausch und die gesellschaftliche Teilhabe. Der Mensch möchte mit anderen gemeinsam etwas erschaffen, tauschen und kommunizieren.

Geld zur Befriedigung der Grundbedürfnisse, das Eingebundensein im Beziehungszusammenhang einer sozialen Gemeinschaft und eine sinnvolle Tätigkeit als freie Äußerung der individuellen kreativen Fähigkeiten sind auch heutzutage die Hauptmotivationsfaktoren der Lohnarbeit. Doch dies wird durch Geldspekulationen und grenzenlose Gewinnsucht Einzelner immer öfter verhindert. Vielmehr werden die drei Grundängste vieler Menschen geschürt, nämlich die Angst vor dem physischen Verfall (Krankheit bis Tod), der seelischen Sinnlosigkeit (stupide Tätigkeit für sinnlosen Konsum) und der sozialen Einsamkeit (Anonymisierung)(15).

Grundrechte

Damit das zukünftige Zusammenleben der Menschen im sozialen Organismus optimaler funktionieren kann, könnten folgende drei Grundrechte eine sinnvolle

Basis seines Mitwirkens in den kulturellen, staatlich-rechtlichen und wirtschaftlichen Bereichen darstellen:

- ein multi-perspektivistische Bildung
- eine direkt-demokratische Mitbestimmung
- ein bedingungsloses Grundeinkommen

Der Mensch inkarniert sich als ein fähiges und bedürftiges Wesen auf dieser
Erde. Die Fähigkeiten kann er aber nur für sich und seine Mitmenschen nutzen,
wenn sie zu ihrem vollen Potential ausgebildet werden. Ausbildung sollte also
vordergründig diesem Zwecke nutzen. Dabei sind alle Wirklichkeitsdimensionen zu berücksichtigen: die inneren und äußeren Aspekte, wie auch die
individuellen und kollektiven Aspekte eines jeden Phänomens erschließen die
umfassende, ganzheitliche Wirklichkeit. Das ist eine wesentliche Basis einer
multiperspektivistischen Sichtweise bei der Grundausbildung des Menschen,
wie auch bei der Weiterbildung zur Förderung seiner Entwicklung und seines
freien Denkens.

Der ausgebildete Mensch kann seine Fähigkeiten zur Schaffung optimaler
Rahmenbedingungen für das Zusammenleben nur sinnvoll einsetzen, wenn er
auf der politischen Ebene auch das Recht hat, direkt-demokratisch mitzubestimmen. Wenn mündige Bürger in dieser oder jener Sachfrage selbst
entscheiden wollen, müssten die Informationsfreiheit und ein gleichberechtigter
Zugang zu den Medien gewährleistet sein. Es kann zu einem optimalen Umfeld
für eine Entscheidung kommen, wenn alle an der Frage interessierten Menschen,
inklusive der Experten jeglicher Couleur, miteinander die Vor- und Nachteile
der Entscheidung erwägen können. Demagogie hätte da keine Chance mehr.

Eine menschengerechte Wirtschaft hat die Befriedigung der Bedürfnisse der
Menschen zum Inhalt. Auch in der globalisierten Wirtschaft, wo fast jeder für
Andere arbeitet, sollten alle Menschen ihre Fähigkeiten frei assoziativ unter
bestmöglichen Bedingungen einbringen können. Damit dies ohne Angst, seine
Grundbedürfnisse nicht erfüllen zu können, möglich ist, sollte jedem Menschen
ein bedingungsloses Grundeinkommen zustehen. Alle wirtschaftlichen Produkte
und Dienstleistungen beruhen auf der Bearbeitung der Natur und dem Einsatz
menschlicher Fähigkeiten, die beide bedingungslos zur Verfügung stehen.
Nimmt man die Fähigkeiten der Menschen Ernst, ist das bedingungslose Grundeinkommen dazu der adäquate Kredit.

Was die praktische individuelle Verantwortung im Sozialbereich angeht, hier einige persönliche Fragebeispiele: Dies betrifft sowohl die Schulung und Anwendung der individuellen Fähigkeiten (im kulturellen Bereich), der Beziehungen im privaten und im allgemeinen (im staatlichen Bereich), die Bedürfnisse im Verhältnis zu denen der Mitmenschen (im wirtschaftlichen Bereich) sowie den gesunden Umgang mit Geld. *„Was der Mensch in den höheren Regionen des Übersinnlichen erhalten wird, ist nichts, was zu ihm kommt, sondern lediglich etwas, das von ihm ausgeht: die Liebe zu seiner Mitwelt."* (16)

Fragen zur kulturellen Kante und zur rechtlich-staatlichen Beziehungskante des Tetraeders:

1. Sorge ich mich aktiv um Bildung und Weiterbildung und um die Entwicklung meiner Fähigkeiten? Bin ich bereit, von anderen zu lernen?

2. Engagiere ich mich in der Zivilgesellschaft?

3. Pflege ich meine Beziehungen im Paarbereich, im freundschaftlichen und kollegialen, im familiären und nationalen, im europäischen und weltweiten sowie im universellen Bereich?

4. Bevorzuge ich staatliche Lösungen oder nehme ich auch mal die Mühe von Selbstverwaltungsprojekten in Kauf?

5. Unterstütze ich Bestrebungen für Direkte Demokratie oder finde ich, dass Politiker alles richten sollen, es aber nie zufriedenstellend tun?

6. Bin ich politisch oder zivilgesellschaftlich aktiv? Unterschreibe ich Petitionen, auch wenn ich nicht direkt betroffen bin?

7. Denk ich darüber nach, dass Arbeit und Einkommen nicht notwendigerweise zusammenhängen müssen, auch wenn es oft so dargestellt wird?

8. Kann ich mir ein bedingungsloses Grundeinkommen als sinnvollen Ansatz vorstellen?

Fragen zur wirtschaftlichen Kante und zu den Kanten der Tetraederbasis in Zusammenhang mit Geldthemen:

1. Möchte ich mein Geld ohne Leistung vermehren, etwa durch Zinsen und Spekulationen, ohne zu bedenken, dass das was ich mehr habe, einem anderen fehlt?

2. Möchte ich auch manchmal möglichst billig kaufen, ohne mir alle Konsequenzen klar zu machen, etwa ob alle am Produktionsprozess Beteiligten angemessen leben können?

3. Bevorzuge ich möglichst neutrales Kaufen mit Rückgabegarantie oder vertraue ich auch Unbekannten in einem Tauschring und mache mir die Mühe, mit ihnen in Kontakt zu treten?

4. Bin ich bei einem finanziellen Überschuss bereit, einen Kredit für Fähigkeiten zu gewähren, der mir persönlich keinen direkten Nutzen bringt, aber dem sozialen Ganzen oder einer benachteiligten Minorität?

Integrale Politik

In unserer Gesellschaft erleben viele Menschen ihre Arbeit als zunehmend stressiger und immer weniger menschengerecht. Eine Trennung von Arbeit und Einkommen hat sich noch nicht durchgesetzt. Dies zeigt, dass es nicht genügt, an sich selber zu arbeiten, um ein besserer Mitgestalter im sozialen Organismus zu sein, sondern dass wir uns gemeinsam für eine integrale Politik, die alle Aspekte des Menschseins berücksichtigt, einsetzen müssen (17). Ein freier, kreativer Einsatz der individuellen Fähigkeiten könnte die Ängste mindern. Statt dem Geld muss **der Mensch und seine natürliche Umwelt wieder im Mittelpunkt** stehen. Dass es noch nicht üblich ist, alle Perspektiven gelten zu lassen, zeigt zum Beispiel die heute gängige „orthodoxe Produktionsfunktion" in der ökonomischen Theorie, die besagt, dass das Sozialprodukt das Resultat von drei Produktionsfaktoren ist: Arbeit, Kapital und technischer Fortschritt. Der Faktor Boden und die übrigen natürlichen Ressourcen werden dabei einfach ausgeblendet (18).

Individuelle Schulungswege eines integral-transpersonalen Bewusstseins und gemeinsame praktische Handlungsschritte im sozialen Organismus, die alle vorhandenen Perspektiven berücksichtigen, können sich ergänzen, um eine verantwortungsvolle Entwicklung des sozialen Organismus zu gewährleisten. Wenn die Devise „fortschrittliche Ideen aus der Zukunft für die Zukunft" altbewährte, aber ausgediente Lösungsansätze ersetzt und Nachhaltigkeit, Freiheit, Gleichheit und Solidarität als Leitlinien dienen, kann eine integrale Politik, die alle Aspekte und Perspektiven beachtet, die ökologischen, sozio-kulturellen, rechtlich-finanziellen und wirtschaftlichen Krisen überwinden und eine menschengerechtere Zukunft gewährleisten.

Den Menschen der Zukunft kann man durch drei Eigenschaften charakterisieren: Einsicht (Bewusstsein), Mitgefühl (Empathie) und die entsprechenden Handlungen (Alltagspraxis). Was verlangt die Zukunft von ihm? Wenn er im Hier und Jetzt die richtigen Fragen stellt, so erhält er aus der Zukunft die Antworten, die es ihm ermöglichen, statt auf mehr Liebe zu hoffen, mehr Liebe ("Brüderlichkeit") zu verschenken. Es geht um Liebesfähigkeit.

V. Beispiel aus Luxemburg

Welche konkreten Handlungsschritte gegangen werden können, illustrieren wir an einem Beispiel aus Luxemburg. Die Vereinigung „Initiative für Demokratie-Erweiterung" (Dreigliederung und Integrale Politik) arbeitet seit einiger Zeit mit der vorgestellten Landkarte (tetraedrisches Modell) und den beschriebenen Methoden. Sie unterstützt die Bewegung für eine Integrale Politik in Europa (19), die derzeit im Aufbau ist. Das Manifest, das nach dem Kongress 2008 entstand, vertritt eine dreigliedrige Herangehensweise: *„Wir sehen die Menschheit im Wesentlichen mit drei großen Problemfeldern konfrontiert: 1. dem psychisch-individuellen, 2. dem sozial-kollektiven und 3. dem ökologisch-weltzentrischen. Diese Weltproblemfelder wurzeln zu einem erheblichen Teil in der Irreleitung der menschlichen Bedürfnisbefriedigung. ... Integrale Politik sucht nach konkreten Lösungen im Hinblick auf diese drei großen Problemfelder."*

Die Luxemburger „Initiative für Demokratie-Erweiterung" setzt sich vor Ort insbesondere für folgende drei Forderungen ein:

1. **Einführung einer dreistufigen Volksgesetzgebung**, die den Vorschlägen der Vereinigung möglichst nahe kommt (20). Die beiden folgenden Forderungen könnten über diesen Weg in Kraft gesetzt werden können. Erfreulicherweise steht in der Regierungserklärung vom Juli 2009 folgender Wortlaut unter dem Titel „Volksinitiative": Die Volksinitiative, die es einer bestimmten Anzahl von Bürgern erlaubt im Rahmen der Gesetzgebungsprozedur einen Gesetzesvorschlag einzubringen, wird in der Verfassung festgehalten. Die Prozedur, die eine solche Initiative einhalten muss, die durch ein

Gesetz geregelt wird, inspiriert sich an derjenigen, die bei Gesetzes-vorschlägen von Parlamentariern angewendet wird.

2. **Einführung einer umlaufgesicherten komplementären regionalen Währung** in Luxemburg.

3. **Einführung eines bedingungslosen Grundeinkommens** (21). Dieses Einkommen könnte in der Höhe der nationalen Armutsgrenze nach dem bestehenden EU-Standard in der Komplementärwährung ausbezahlt werden. Eine kürzlich ins Leben gerufene Arbeitsgruppe verwirklicht erste konkrete Initiativen in diesem Sinne in Luxemburg.

---

(1) Joseph Beuys und Wilfried Heidt: „Aufruf zur Alternative" in: „Für eine Welt nach dem Maß des Menschen – ein Lesebuch", Achberger Verlag 2006 (S.54). Siehe auch: http://www.ig-eurovision.net/lesebuch2006.htm

(2) Oskar Lafontaine: „Wir wollen klare Begriffe haben":
http://www.linksparteiberlin.de/partei/parteitage/10_landesparteitag/
basiskonferenz/beitraege/lafontaine/

(3) Athys Floride: „Der Weg zu den Hierarchien. Das Ziel der Entwicklung: die vierte Hierarchie", Verlag am Goetheanum, 1996 (S.18, S.29 sowie 186f.)

(4) siehe: http://www.mtk.lu/tetraeder.html

(5) siehe: Christoph Strawe: „Der Wanderer und sein Schatten- Schattenarbeit und Teilpersönlichkeiten." Rundbrief Nr. 4, Dezember 2006 oder Ken Wilber: „Integral Spirituality: A Strartling New Role for Religion in the Modern and Postmodern World." Shambala Publications, 2006

(6) Im einfachsten Falle versteht man unter einem Kaleidozyklus einen Ring aus einer geraden Anzahl von Tetraedern. Doris Schattschneider und Wallace Walker: „M.C.Escher Kaleidozyklen", Benedikt Taschen Verlag 1989 siehe auch: http://www.mathematische-basteleien.de/kaleidozyklen.htm

(7) Johannes Stüttgen: „Der plastische Umstülpungsvorgang", FIU-Verlag 1993

(8) Karl Heyer: „Dreiheiten und Dreigliederung", in „Die Dreigliederung des
sozialen Organismus als Aufgabe Europas im 21. Jahrhundert", Edition
Medianum, 2000 (S.177-189); Hans Kühn: „Dreigliederungszeit", Verlag am
Goetheanum 1978; Dietrich Spitta: „Der soziale Organismus als sieben-
gliedriger Tempelbau" in „Mitteilungen aus der anthroposophischen Arbeit in
Deutschland", 35. Jg. Heft 3 Nr. 137, Michaeli 1981; Rudolf Steiner: „Von
Seelenrätseln" GA 21 (Anhang 6), Rudolf Steiner Verlag (S. 222ff.)

(9) „Die paradoxale Doppelstruktur des Kosmos findet sich im Menschen als
Doppelkosmos zwischen höherem (objektiven) Ich und inkarniertem
(subjektiven) Ich wieder." [in diesem Artikel werden drei Alltags-Iche unter-
schieden]
 (Ronald Benedikter: Materie, Mensch und Geist heute in Sozialimpulse Nr.1
/März 2010, S.22).
Karlfried Graf Dürkheim spricht ebenso vom doppelten Ursprung des Menschen
in seinem gleichnamigen Buch (Herder Verlag, Freiburg 1973)

(10) *Es wird dadurch wahrhaft ein viertes Element erzeugt zu den drei
vorhergehenden, und dieses vierte Element ist das Element der Liebe. "*
(GA 121, S.104)

(11) siehe: http://www.demokratie.lu/Mensch.pdf

(12) Der Wille: Ein Handbuch zur Steuerung der Evolution, Tom Amarque,
Phänomen Verlag, Hamburg 2009

(13) Das hier Beschriebene kann natürlich auch auf die privaten Beziehungen
angewendet werden (Partner, Eltern und Kinder, Arbeitskollegen, Freunde).
Dabei wird der Begriff „politisch" durch den dem jeweiligen Anwendungs-
bereich entsprechenden adäquaten Begriff ersetzt.

(14) Wie man das Geld als Kreislaufwesen des Ganzen in gesunder Form
denken kann und wo die Banken dabei ihren Platz haben, kann man bei
Wilhelm Schmundt nachlesen: „Der soziale Organismus in seiner Freiheits-
gestalt", FIU-Verlag 1977; „Erkenntnisübungen zur Dreigliederung des sozialen
Organismus", Achberger Verlag 2003; „Wesen und Funktion des Gledes",
Verlag Freies Geistesleben 1989 (von Stefan Leber, Udo Herrmannstorfer,
Wilhelm Schmundt, und Michael Hofmann)

(15) *http://www.demokratie.lu/LBARBEIT.html* (Auszug aus einem Leserbrief
in den drei größten Luxemburger Tageszeitungen im April 2010)

(16) Rudolf Steiner:„Wie erlangt man Erkenntnisse der höheren Welt?" GA10,
Rudolf Steiner Verlag (S.214)

(17) Als Beispiel: *www.integrale-politik.ch/d/index.php*

Kapitalismus 3.0 - Die sieben Akupunkturpunkte des sozialen Organismus, Otto
Scharmer, Info3, 05/10 (Theorie U. Von der Zukunft her führen, Carl-Auer
Verlag, Heidelberg 2009)

(18) Vorwärts zur Mäßigung: Perspektiven einer nachhaltigen Wirtschaft
Hans-Christoph Binswanger, Murmann Verlag, 2009

Integrales Bewusstsein: Wie die integrale Weltsicht Politik, Kultur und
Spiritualität transformiert, Steve McIntosh und Mike Kauschke, Phänomen
Verlag, Hamburg 2009

(19) *www.project-fair.com/ip/download/KIP2008-Manifest.pdf*
      www.integrale-politik.org/
      www.connection.de/artikel/gesellschaft-oekologie/kongress-fuer-integrale-
      politik.html
      http://integralepolitik.blogspot.com/

(20) *www.mtk.lu/ddvorschlag.html*
     www.demokratie.lu
     www.mtk.lu/Demokratieperspektiven.html

(21) *www.mtk.lu/bedingungslosesgrundeinkommen.html*
     /www.grondakommes.lu

LINKS:

www.demokratie.lu/Mensch.pdf
www.mtk.lu/tetraeder.html
www.mtk.lu/ideeinstitut.html

P.S. Nachtrag zu den transpersonal-geistigen Bereichen

Analog zu den inneren und äußeren Landkarten des Menschen kann man eine Landkarte der transpersonal-geistigen Bereiche erstellen, die man sich bildlich oberhalb des „Höheren Ichs" vorstellen kann. Auf den Spitzen der drei unteren Ecktetraeder (Hierarchien) steht ein oberes Ecktetraeder (die Trinität, die man christlich als „Vater, Sohn und heiligen Geist" benennen kann oder neutraler als Meer, Tropfen und „nass").

Ein Kreis um die drei Tetraeder, die den individuellen Organismus, den sozialen Organismus und die transpersonal-geistigen Bereiche darstellen, steht für das „Absolute".

DREI GRUNDRECHTE DER ZUKUNFT

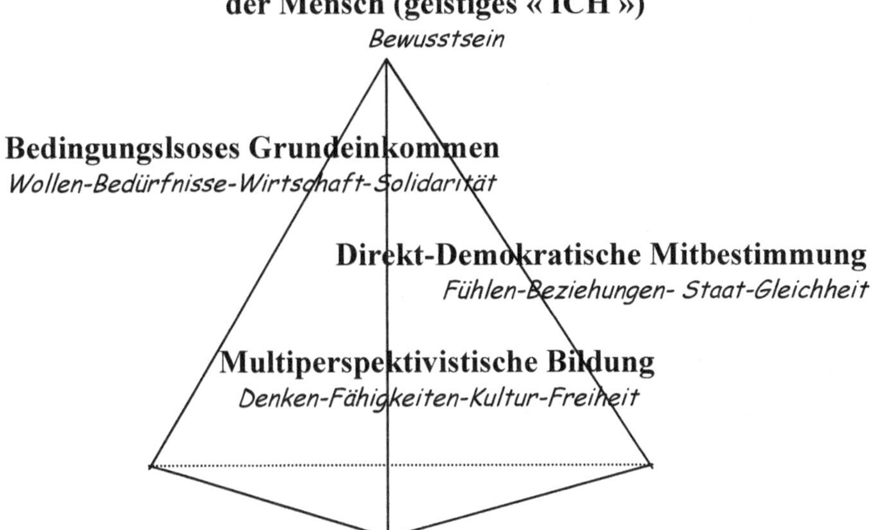

PERSPEKTIVEN DIREKTER DEMOKRATIE IN LUXEMBURG

in Forum No. 286, 43-45 (Mai 2009)

Neben Referenden ist die Volks- oder Bürgergesetzgebung von unten ein Hauptinstrument einer fortschrittlichen Demokratie. Bürgerpartizipation anstatt gelegentlicher „Blankoschecks" für Parteivertreter ist angesagt. Volksgesetzgebung ist eine sinnvolle Ergänzung der repräsentativen Demokratie. Sie appelliert einerseits an die gewählten Politiker, Kompetenzen abzugeben und appelliert andererseits an die Bürgerinnen und Bürger, Verantwortung zu übernehmen. Ein Gemeinwesen lebt davon, dass viele Menschen Verantwortung gemeinsam tragen. Das führt zu einer Stabilisierung der Demokratie. Eine Demokratie steht fester auf zwei Beinen: den herkömmlichen Wahlen und den angestrebten zusätzlichen Abstimmungen.

Es ist also keineswegs so, dass die einen (z.B. die Bürger) etwas gewinnen und die anderen (z.B. die Politiker) etwas verlieren, wenn direktdemokratische Verfahrensweisen angewandt werden. Im Gegenteil, sie tragen dazu bei, dass sich Menschen mit politischen Fragen und anstehenden Entscheidungen beschäftigen, darüber diskutieren, sich entscheiden und dadurch Verantwortung übernehmen.

Die Einstellungen: "Die da oben machen sowieso, was sie wollen" und "Jetzt macht mal, dafür haben wir Euch doch gewählt" würden abgeschwächt. Die Distanz zwischen Wählern, Wählerinnen und Gewählten würde geringer.

Verkrustete Strukturen der parlamentarischen Demokratie werden durch direktdemokratische Instrumente aufgebrochen. Vor Bürgerentscheiden und Referenden finden ausführliche öffentliche Diskussionen statt. Sachargumente treten in den Vordergrund. Es ist wichtiger, was jemand sagt und weniger wichtig, wer etwas sagt.

Direkte Demokratie gibt den Abgeordneten im Parlament Auskunft darüber, wo den Menschen der Schuh drückt. Sie wirkt wie ein Seismograph, der gesellschaftliche Probleme frühzeitig anzeigt. Dabei hat sich besonders die dreistufige Variante der Bürgergesetzgebung bewährt.

Die Initiative für Demokratieerweiterung Luxemburg (www.demokratie.lu) schlägt seit Jahren eine derart dreistufige Volksgesetzgebung mit

Volksinitiative, Volksbegehren und Volksentscheid mit konkreten Durchführungsbestimmungen vor. (http://www.mtk.lu/ddvorschlag.html). Am 3. Juni 2003 schrieb Regierungschef Jean-Claude Juncker in einem Brief an diese Initiative, dass ... „ ich am 20. Mai vor der Erklärung zur Lage der Nation 2003, einen Gesetzentwurf der Regierung über die Volksinitiative und die Volksbefragung bei der Kammer hinterlegt habe. ... Der Gesetzentwurf der Regierung über die Volksinitiative und die Volksbefragung beinhaltet ebenfalls die Bestimmungen der klassischen Volksbefragung, die seit 1919 in unserer Verfassung unter Artikel 51 §7 verankert ist, sowie des neuen Entwurfes des Verfassungsartikels 114. Er wird demnächst als parlamentarisches Dokument der breiten Öffentlichkeit zur Verfügung stehen.“

Im Wahljahr 2004 untersuchte die genannte Demokratieinitiative die Aussagen bezüglich direkter Demokratie in allen Wahlprogrammen und gab im 2008 erschienenen Buch „DEMOKRATIE AM ANFANG DES 21. JAHRHUNDERTS IN LUXEMBURG: direkte Demokratie, bedingungsloses Grundeinkommen und sozial-integrale Dreigliederung“ (ISBN 978-3-8370-6719-4 / www.mtk.lu/bod.html) folgenden schlussfolgernden Kommentar ab: „Abschließend kann man sagen, dass keine der Parteien sich prinzipiell vor einer Erweiterung der Demokratie in Richtung mehr Bürgerbeteiligung durch Referenden verschließt. Aber von einer wirklichen Bürgergesetzgebung ist zum Beispiel in keinem der Grundsatzprogramme die Rede. Man kann auch feststellen, dass die repräsentative Demokratie ihr liebstes Kind ist, was ja auch in unserem Parteiensystem inhärent ist. Die Vorstöße der CSV, sowie der DP als Regierungsparteien in Richtung mehr Bürgerbeteiligung lassen trotzdem angesichts ihres Verhaltens bei der Vorlage des ADR Vorschlags den Verdacht aufkommen, als wollen sie dem ADR für den Wahlkampf etwas den Wind aus den Segeln nehmen. Die Regierungsparteien haben eine Vorahnung, dass sich bei den anstehenden Wahlen manche Stimmen mit den ADR Vorschlägen gewinnen ließe. Angriff ist noch immer die beste Verteidigung. Die anderen Parteien wollen sich dem Gedanken von mehr direkter Demokratie ebenfalls nicht verschließen. Es scheint an der Zeit zu sein den Bürgern mehr Mitbestimmungsrecht einzugestehen, auch wenn die Einen dies nur wollen, wenn alle Bürger zu perfekten Politikern ausgebildet sind, und die anderen nur, wenn die partizipative Demokratie in ihrer optimalen Form eingeführt sein wird. Wieder andere wollen die Beteiligung der Bürger nur dann, wenn die Partei beschließt, dass sie beteiligt werden müssen/sollen/dürfen. Auf jeden Fall kann man sagen, dass falls der Regierungevorschlag zu Initiative / Bürgerbegehren / Referendum, so mangelhaft und restriktiv er auch ist, vom Parlament angenommen werden soll, man endlich als Bürger wirklich mitbestimmen kann, und sei es in letzter Instanz durch ein Bürgerbegehren/Referendum um die Bedingungen (Unter-

schriftenzahl) für das Bürgerbegehren auf eine annehmbare Zahl herab-
zusetzen." (John Lippert)

Einen Anlauf in Richtung Volksgesetzgebung gab es dann auf Regierungsseite
in den Jahren 2004-2005, der aber nicht umgesetzt wurde.

Im parlamentarischen Dokument vom 20.1.2005 betreff dem Gesetzesprojekt
5132 (Projet de loi relative au référendum au niveau national) und dem
Gesetzesvorschlag 3762 (Proposition de loi relative au référendum au niveau
national tendant à instituer un référendum d'initiative populaire) war im
Vorspann zu lesen :

« Dans l'exposé des motifs du projet de loi sous avis les auteurs du projet esti-
ment que dans le cadre du „débat concernant le déficit démocratique dont
souffrent nos systèmes politiques", il convient de définir les voies et moyens
donnant au citoyen „la possibilité de participer plus activement à la vie politique
et de s'insérer dans le processus de développement des normes juridiques". Les
textes proposés tendent à rechercher, entre la démocratie représentative et la
démocratie directe, une troisième voie permettant au citoyen de participer à la
prise de décision politique entre les échéances électorales. A cet effet, le
Gouvernement propose l'introduction dans notre système politique d'un élément
nouveau de démocratie directe sous forme de l'initiative populaire en matière
législative doublé d'un droit d'initiative populaire en vue de déclencher un
référendum lorsque la Chambre des Députés rejette le projet de loi émanant de
l'initiative populaire ou si elle le retire du rôle. »

Die Schlussfolgerung der « Commission des institutions et de la révision
constitutionnelle » aber war, dass dies aus verfassungsrechtlichen Ursachen zur
Zeit nicht möglich sei:

« Toute modification essentielle y apportée doit faire l'objet d'une révision
constitutionnelle. Des mesures nouvelles impliquant une participation directe
des citoyens à la procédure législative sous forme d'initiative populaire doivent
de l'avis de la Commission des Institutions et de la Révision constitutionnelle
être précédées d'une modification de plusieurs dispositions-clés de notre
Constitution. »

Das war ein Schritt in die richtige Richtung, wenn man auch an den geplanten
Umsetzungskriterien folgende Kritiken und Änderungsvorschläge anbringen
kann:

* Drei Monate für die Unterschriftensammlung ist zu kurz, außer für große Lobbygruppen: Zwölf Monate wären angebracht.
* Das Sammeln der Unterschriften ausschließlich in den Gemeinden ist zu restriktiv: freie Sammlung müsste möglich sein.
* Die Zahl von 10.000 Unterschriften für eine Volksinitiative ist zu hoch: 0,2% also 400 Unterschriften wären für Luxemburg adäquat.
* Die Informationsverbreitung wird dem Gutdünken der Gemeinden überlassen: eine an alle Haushalte verteilte Broschüren und eine obligatorische Publikation der Standpunkte in den Tageszeitungen wäre vonnöten.
* Welches sind die Kriterien der Annahme des Vorschlages? Es sollten dieselben sein wie die für die Parlamentarier.
* 25000 Stimmen für die Referendumsabstimmung sind ebenfalls zuviel, das sind über 12% (2 % sind es in der Schweiz und den USA): der Vorschlag wäre 4000 (2%) und gegebenenfalls ein Gegenvorschlag des Parlamentes.
 * Die Abschlussabstimmung soll bindend statt fakultativ sein, wenn es eine Mehrheit der abgegebenen Stimmen gibt. Die Teilnahme sollte freiwillig sein, ohne Themenausschlüsse (insofern sie kompatibel mit der Verfassung sind) und zusätzlicher Quotenregelungen.

Im Januar 2007 meinte der Präsident der „Commission des Institutions et de la Révision Constitutionnelle" noch, dass sich im gleichen Jahre in dieser Angelegenheit noch etwas bewegen würde. Zwei Jahre später ist davon aber noch nichts zu hören. Haben die Politiker seit dem EU-Referendum in Luxemburg oder dem rezenten Referendum in Irland endgültig Angst vor dem Volk und seinem Anspruch selbst Ideen ins Spiel zu bringen bzw. endlich das Soziale dem Wirtschaftlichen gleichzustellen.

Was Politiker von direkter Demokratie halten, kann man zum Beispiel an den Aussagen des luxemburgischen Außenministers messen, der noch am 6. Juli 2005 auf RTL meinte, der von den Iren abgelehnte EU-Grundlagentext enthielte 100.000 „insuffisances". Am 16. Juni 2008 im Interview mit dem Deutschland-funk zum Referendum in Irland über diesen Text, aber sagte er: „Aber wissen Sie, mit dem Referendum, das muss man endlich einsehen. Man kann nicht mit der direkten Demokratie ein politisches Gebilde von 500 Millionen regieren, auch nicht regional regieren. Wenn wir zum Beispiel am Anfang der Europäischen Union in den 50er Jahren in Belgien, in Holland, auch in Luxemburg ein Referendum gemacht hätten, ob Deutschland Mitglied der Europäischen Union werden soll und an einem Tisch sitzen soll mit all den anderen Ländern, wäre der Ausgang bestimmt negativ gewesen. Politik muss ja auch führen können. Mit dem Instrument des Referendums - das müssen wir sehen, wo es sehr   einfach ist, die Debatte zu polarisieren - kommen wir nicht voran. Das stimmt, aber gut: man muss jetzt das respektieren, was geschehen ist, und versuchen   herauszukommen." Muss die leitende Klasse versuchen aus dem herauszukommen was der Wunsch der Bürger ist?

Die Rechte und das politische Interesse der Bürger würde sicher gestärkt werden, könnten sie konstruktive Vorschläge zu einzelnen Sachfragen ins Spiel bringen, aktiv mitdiskutieren und entscheiden. Niemand will mit Referenden regieren! Immer wieder nur vereinzelte Missbrauchsbeispiele zu zitieren, wird der Sache nicht gerecht. In anderen europäischen Ländern wie der Schweiz oder den deutschen Bundesländern gibt es direkt-demokratische Ansätze die durchaus kreativ und konstruktiv genutzt werden. Gefährlicher ist es wenn die Distanz zwischen den Politikern und dem Volk weiter anwächst und somit die Gefahr der Einflussnahme irgendwelcher Volksverhetzer vergrößert wird. Werden in einer direkt-demokratischen Debatte die Experten jeder Richtung gehört, statt nur die, der Parteien die gerade an der Macht sind, ist dies sicher ein Gewinn. Und gibt es etwa eine Studie die besagt, dass der Intelligenzquotient des Durchschnittsbürgers unter dem des Durchschnittsparlamentariers liegt? Laut Barack Obama ist das wichtigste Amt in einer Demokratie das des Staatsbürgers.

Es ist zu hoffen, dass unsere Regierung ihr Vorhaben in Punkto Volksgesetzgebung nicht vergessen hat, unseren Staatsbürgern das Vertrauen schenkt, das ihnen gebührt und ihnen in allernächster Zukunft eine demokratische Beteiligung an ihrer eigenen Zukunftsgestaltung ermöglicht. Zumindest ist im CSV-Wahlprogramm 2009 zum Thema direkte Demokratie zu lesen, dass die Abhaltung eines Referendums in Zukunft von 250 stimmberechtigten Bürgern (statt bisher 5) angefragt werden und das Volksbegehren in die Verfassung eingeschrieben werden soll. Na dann sind wir mal gespannt.

ÜBERSICHT

(http://www.mtk.lu/bedingungslosesgrundeinkommen.html)

Links zu Alfred Groffs* Beiträgen
in Zeitungen, Zeitschriften, Radio- und Fernsehsendungen
zum Thema „Bedingungsloses
Grundeinkommen in Luxemburg 2001-2010"
(http://www.mtk.lu/bedingungslosesgrundeinkommen2.html)

========================

1. <u>Ja zu Bürgergeld</u>. Wohlstandsverteilung und Demokratie sind die Hauptpfeiler einer gerechten Gesellschaft. Das Bürgergeld setzt die Ideale der französischen Revolution wirklich um.
Kommentar im woxx am 24.1.2001

http://www.mtk.lu/Woxx%20Buergergeld.pdf

2. <u>Negativsteuer und Bürgergeld statt RMG!?</u>
Leserbrief im Luxemburger Wort und *im Tageblatt* am 27.1.2001

http://www.mtk.lu/negativsteuer.html

========================

3. „Bürgergeld", „Direkte Demokratie" und „Neutrales Geld" als Handlungsimpulse zur Gestaltung einer dreigliedrigen europäischen Gesellschaftsentwicklung im 21. Jahrhundert (2002)

http://www.mtk.lu/konventvorschlag.html

als *Main transpersonale Kaer-Beitrag zum EU-Konvent-Forum* unter dem Titel:
<u>Der Mensch, die Gesellschaft und das Geld</u>
(u.a. Vorschlag eines bedingungslosen Grundeinkommens):

4. ... auf dem Integrationsweg : <u>Psychosoziale Begleitung und garantiertes Grundeinkommen</u> (2002)

http://www.mtk.lu/integrationsweg.html

========================

5. PANinclbeitrag 2003-2005
       http://homepages.internet.lu/mtk-idee/ideeeapnpanincl.html

=====================

6. Die Zukunft denken!
Bedingungsloses Grundeinkommen, mehr sinnvolle Beschäftigung und weniger
Bürokratie durch Abschaffung der Lohnnebenkosten und der Einkommens- und
Unternehmenssteuern!
*Beitrag zur Tagung „Grundeinkommen als ein Ziel und dreistufige Volksgesetz-
gebung als Weg der Neugestaltung des sozialen Organismus" vom 5.-8. Januar
2006 im Internationalen Kulturzentrum Achberg*
       http://www.mtk.lu/grundeinkommen.html

siehe auch unter www.unternimm-die-zukunft.de :
"Gesammelte Beiträge 24.11.05 - 05.02.06":
  Beitrag #6 Seite 8-14, siehe auch # 15 und #15.1 Seite 21-23
       **http://www.unternimm-die-
zukunft.de/Archiv/Gesammelte_Beitraege_II.pdf**

sowie: Diskussion Alfred Groff mit Jörg Tippmann auf den Seiten des "Forum"
       http://www.mtk.lu/tippmann.html

7. Bedingungsloses Grundeinkommen: die Zukunft denken!
im Luxemburger Wort am 9.3.2006 (Seite 6 und 7)
       http://www.mtk.lu/grundeinkommen1.pdf

als Reaktion dazu: *Leserbrief im Wort* von Robert Marie am 23.3.2006 im Wort
Bedingungsloses Grundeinkommen als Leitstern für die Zukunft!
       http://www.mtk.lu/lbleitstern.html

8. Bedingungsloses Grundeinkommen, Demokratie, Bildungs- und Geldfragen.
im Tageblatt am 31.3.2006 (Seite 16)
       http://www.mtk.lu/grundeinkommen2.pdf

als Reaktion dazu: *Leserbrief im Tageblatt* von Robert Marie
am 8.4.2006 (Seite 65) : 1000€ gratis!
       http://www.mtk.lu/gratis.html

9. Bedingungsloses Grundeinkommen - Arbeit und Einkommen entkoppeln.
Interview im woxx am 28.4.2006 (Seite 2)
       http://www.mtk.lu/WOXX_Interview_28042006.pdf

10. <u>Statt Vollbeschäftigungsillusion ein Recht auf Einkommen?</u>
in Newsletter 9 - Inter-Actions, November 2006
>   **http://www.mtk.lu/BGEnewsletter.html**

11. <u>Bravo Herr Juncker!</u>
Leserbrief im Luxemburger Wort am 29.11.2006 und *im Tageblatt* am 2.12.2006
>   **http://www.mtk.lu/lbbravoherrjuncker.html**

===========================

12. <u>Recht auf Einkommen statt Recht auf Arbeit!</u>
in Queesch 17, Mai 2007 [Ausschnitt in *Keime für die Zukunft* (No3 2007)]
>   **http://www.mtk.lu/BGEqueesch.html** und
>   **http://www.mtk.lu/revenudebase.html**

13. <u>Rückt das bedingungslose Grundeinkommen näher?</u>
im Tageblatt (und im Journal) am 10.11.2007 (Seite 24)
>   **http://www.mtk.lu/LBtbBGEruecktnaeher07.html**

14. <u>RMG kürzen oder bedingungsloses Grundeinkommen?</u>
Leserbrief im Journal am 14.11.2007
>   **http://www.mtk.lu/LBrmgODERbge.html**

===========================

15. <u>Zitat</u> aus *Psychologie Heute* - März 2008
>   **http://www.mtk.lu/psyheuteBGE.pdf**

„Generell gewinnt man den Eindruck, dass es sich bei den Befürwortern vor allem um Männer aus der Mittel- und Oberschicht handelt, um Intellektuelle. Dazu gehören der Psychologe Alfred Groff aus Luxemburg und Götz Werner, der Gründer der dm-Drogeriemärkte, auch Katja Kipping von der Linkspartei als eine von wenigen Frauen. Alfred Groff meint, dass Menschen mit einem Grundeinkommen auf dem Konto weniger Angst und mehr Würde hätten.“

16. <u>Soziale Maßnahmen : "neblig bis trüb"!</u>
in *Newsletter 10 - Inter-Actions*, April 2008
> **http://www.mtk.lu/sozialmassnahmen.html**

17. <u>Alfred Groff zum bedingungslosen Grundeinkommen</u>
in der *RTL Dok Show* am 6. April 2008
> **http://streaming.rtl.lu/media/_rhozet/dokshowMTK.wmv**

18. <u>Ist ein bedingungsloses Grundeinkommen realistisch?</u>
Robert Marie *im Tageblatt* am 21. Mai 2008 (Seite 22 / Forum)
> **http://www.mtk.lu/BGErealistisch.html**

19. Alfred Groff *als "Invité virum Dag": Radio 100,7* am 31.10.2008
zu <u>Grundeinkomen und Dreigliederung</u>
> **http://www.100komma7.lu/lu/d-archiven-vum-radio-100,7/archiv/programmesemissionfiche/n_180961/invite-virum-dag**

==========================

20. <u>Sozial Handeln</u>, *im Luxemburger* Wort am 2.1.2009
(S.14: Analyse & Meinung)
> **http://www.mtk.lu/sozialhandeln.html**

21. Leserbrief "<u>Grundeinkommen oder Dreigliederung</u>", *im Goetheanum* 7 /
Februar 2009
> **http://www.mtk.lu/lbguerranic.html**

22. <u>Bedingungsloses Grundeinkommen und Konsumsteuer ...</u> ,
in Newsletter 13- Inter-Actions, Mai 2009
> **http://www.mtk.lu/BGEkonsumsteuer.html**

23. <u>Fric-Changes</u>, *Queesch 20*, September 2009
> **http://www.mtk.lu/fricchanges.html**

24. Alfred Groff zum Thema <u>Bedingungloses Grundeinkommen</u> auf *RTL-Radio*
am 29.09.2009:

News Flash um 7:00 (03:35-05:15)
> **http://streaming.newmedia.lu/radio/radio_news/newsflash/2009/09/29/070000_28K.wma**

Moies Journal um 7:30 (00:55-1:10 und 02:30-05:15)
http://streaming.newmedia.lu/radio/radio_news/
journalmoies/2009/09/29/073000_28K.wma

25. Alfred Groff zum Thema <u>Bedingungloses Grundeinkommen</u> auf *RTL-Radio* am *5.10.2009*:

"Dir huer d'Wuert", 30 Minuten
http://streaming.newmedia.lu/radio/radio_news/
dirhuddwuert/2009/10/05/20091005_28K.wma
RTL-Journal um 18:00 (5:54-8:25)
http://streaming.newmedia.lu/radio/radio_news/
journal1800/2009/10/05/181714_28K.wma

siehe auch *Webseite www.rtl.lu* (inkl. Kommentare)
http://news.rtl.lu/news/national/43293.html

26. Alfred Groff in der *Revue* (Interview) am 7.10.2009
http://www.mtk.lu/REVUEbge102009.pdf

27. Alfred Groff im *Telecran* (Interview) am 7.10.2009
http://www.mtk.lu/
Interview%20TELECRAN%20%20Alfred%20Groff%20BGE.pdf

Telecran-Kommentar:
http://www.mtk.lu/TELECRANkommentar102009.jpg

28. <u>ABC des Grundeinkommens</u> am 4.11.2009 auf *www.rtl.lu*
http://news.rtl.lu/commentaire/lieserbreiwer/47321.html

===========================

29. « <u>Grondakommes</u> » *Youtube*-Trailer
http://www.youtube.com/watch?v=ZILI6ztHM04

siehe auch Webseite des *Arbeitskreises „Grondakommes":*
http://www.grondakommes.lu

30. <u>AussteigerInnen, Eremiten und bedingungsloses Grundeinkommen,</u> *Erwuessebildung,* 3/2010
http://www.mtk.lu/aussteiger.html

31. Alfred Groff als *"Invité virum Dag"*: Radio *100,7* am 25.03.2010
zum Film „Kulturimpuls Grundeinkommen"
http://www.100komma7.lu/lu/d-archiven-vum-radio-100,7/archiv/programmesemissionfiche/n_195270/invite-virum-dag

Plakat:
http://www.demokratie.lu/KULTURIMPULS.pdf

32. Der Mensch ist auf der Welt zum arbeiten.
Leserbrief im Luxemburger Wort am 03.04.2010
Leserbrief im Tageblatt am 7.04.2010 (Vollbeschäftigung statt Arbeit!)
Leserbrief im Journal am 14.4.2010 (Jeder arbeitet! Jeder braucht Einkommen!)
http://www.demokratie.lu/LBARBEIT.html

siehe auch *Webseite www.rtl.lu* („Lieserbréiwer")
http://news.rtl.lu/commentaire/lieserbreiwer/64433.html

* Dank an Robert Marie der seine „Reaktions-Schreiben" zur Veröffentlichung
zur Verfügung gestellt hat.

ARTIKEL

zum Thema „Bedingungsloses Grundeinkommen"

„Bürgergeld", „Direkte Demokratie" und „Neutrales Geld" als Handlungsimpulse zur Gestaltung einer dreigliedrigen europäischen Gesellschaftsentwicklung im 21. Jahrhundert

Basistext des MTK-IDEE Vorschlags für das EU-Konvent-Forum (2002)

Folgende Vorschläge stellen Impulse dar, um mehr Demokratie, Transparenz und Leistungsfähigkeit der Europäischen Union (Laeken 15. Dezember 2001) zu ermöglichen:

I. Die „Dreigliederung" der Gesellschaft

Das Geistesleben, das Rechtsleben und das Wirtschaftsleben

Integrales Bewusstsein und transpersonale Erfahrungen, sowie spirituelle und religiöse Anschauungen werden heutzutage größtenteils in die subjektive Privatsphäre abgedrängt. Im gesellschaftlichen Leben spielt die Religion kaum mehr eine Rolle, es sei denn in Machterhaltsversuchen von institutionalisierten Glaubensgemeinschaften, die eigenen inneren Erfahrungen eher skeptisch gegenüberstehen.

In der Politik scheint die persönliche Eitelkeit, die Profilierungs- und Profitgier, sowie das Machtdenken und die wirtschaftlichen Interessen einiger Politiker vor dem verantwortungsvollen und gewissenhaften Arbeiten für das Gemeinwohl zu stehen. Differenzierte politische Inhalte und Standpunkte im Austausch mit den Bürgern zu erarbeiten wird oftmals zur Nebensache. Das Desinteresse an Parteipolitik nimmt in der Bevölkerung so ständig zu.

Die Wirtschaft dagegen nimmt einen kontinuierlich steigenden Einfluss auf unser Leben ein. Es dominieren der schnelle Geldgewinn und das Konsumieren von materiellen Gütern. Medienwirksame Informationen, Freizeitangebote und Reklamen ohne große Ansprüche erzeugen immer neue Bedürfnisse. Oberflächliche Befriedigungen der Sinne, zunehmende Umweltzerstörung, Verschuldung von Privatpersonen und ganzen Ländern, Arbeitslosigkeit, Armut und sozialer Ausschluss sind einige der sichtbarsten Folgen dieser Entwicklung.

Man kann natürlich versuchen die Symptome dieser Situation laufend zu mindern und dieser Entwicklung reaktiv hinterherzulaufen, doch wäre es nicht sinnvoller aktiv zu werden, alternative gesellschaftliche Modelle zu diskutieren und umzusetzen? Eines dieser Modelle ist die der „Dreigliederung der Gesellschaft" in dem man zwischen den Bereichen des Geisteslebens, des Rechtslebens und des Wirtschaftslebens unterscheidet. Weder die Religion, noch der Staat, noch die Wirtschaft sollten in der Gesellschaft die Macht alleine innehaben. Ein Ausgleich zwischen diesen drei gleichberechtigten, sich selbst verwaltenden, gesellschaftlichen Bereichen, ist die beste Basis für eine menschenwürdige Gesellschaft und die Übernahme der auf individuellem Bewusstsein basierenden Weltverantwortung.

Wie kann man sich eine dreigliedrige Gesellschaft vorstellen? Im menschlichen Organismus funktionieren etwa das Nervensystem, die Blutzirkulation und das Stoffwechselsystem autonom und doch als Ganzes. So wird jemand, der dauernd die Atmung mit seinem Gehirn steuern will, bald merken, welche Schwierigkeiten das mit sich bringt. Alle drei Systeme sind gleichermaßen wichtig für das gesunde Leben des Menschen. Den drei genannten Instanzen des natürlichen Organismus entsprechen in der Psychologie die drei seelischen Funktionen des Denkens, Fühlens und Wollens.

Was bedeuten die Bereiche Geistes-, Rechts- und Wirtschaftslebens?

Der Bereich „Geistesleben" ist verantwortlich für die Erziehung und die Schulen, die Wissenschaft, die Forschung, die Kultur und den künstlerischen Ausdruck, die Religion und die persönlichen transpersonalen Erfahrungen. Man kann ihn auch als Kulturbereich im weiteren Sinne verstehen. Es geht um die individuellen Fähigkeiten und Begabungen, sowie die persönlichen Ausdrucksmöglichkeiten und Vorlieben des Menschen und deren Entfaltung. Es gilt die Entwicklung des Menschen optimal zu fördern, und zwar unabhängig von staatlichen und wirtschaftlichen Interessen. Freiheit muss diese Entwicklung prägen, damit der Mensch ein Maximum seines Potentials in die beiden anderen gesellschaftlichen Bereiche einbringen kann. Jedes Brachliegen von Fähigkeiten durch Nichtförderung, Arbeitslosigkeit oder Desinteresse geht der Gesellschaft verloren.

Der Bereich des Rechtslebens ist verantwortlich für das Verhältnis von Mensch zu Mensch, das « Zueinander-Fühlen», wie es Steiner nennt. Es geht einerseits um Regeln des Zusammenlebens, um Abkommen und die Gesetzgebung, andererseits auch um das Auskommen in Frieden und um Fragen der Sicherheit, das heißt um die Sicherung der Gesetze. Weder Fähigkeiten noch wirtschaftliche

Tätigkeiten spielen hier eine Rolle, sondern gleiche Rechte und Pflichten und die volle Mündigkeit aller Bürger stehen im Mittelpunkt.

Der Bereich des Wirtschaftlebens ist verantwortlich für die Befriedigung der natürlichen Bedürfnisse der Menschen (gesunder Egoismus). Es geht um den Austausch von Waren und Dienstleistungen in einer arbeitsteiligen Gesellschaft. Produzierte Waren und Dienstleistungen, Handel und Konsum prägen diesen Bereich.

Die konkreten Taten, die sich aus der Dreigliederungsidee entwickeln, müssen sich den örtlichen und zeitlichen Gegebenheiten anpassen.

Der dreigliedrige gesellschaftliche Organismus und die Ideale der französischen Revolution

Was haben die Ideale der französischen Revolution „Freiheit", „Gleichheit" und „Brüderlichkeit" mit der Idee der dreigliedrigen Gesellschaft zu tun? Auch sie sollten einen gesellschaftlichen Entwicklungsschritt darstellen. Sie hatten allerdings bis jetzt keine Chance auf Verwirklichung und zwar deswegen, weil immer wieder versucht wurde sie in einem herkömmlichen „eingliedrigen" Staat zu verwirklichen, was aber nur zu Widersprüchen geführt hat. Freisein zu dürfen und Gleichsein zu müssen, wie soll das lebbar sein?

Indem man die drei Ideale den adäquaten Gliedern einer dreigliedrigen Gesellschaft zuordnet und zwar:
- Freiheit zum Geistesleben
- Gleichheit zum Rechtsleben
- Brüderlichkeit zum Wirtschaftsleben .

Zwei Beispiele zur Frage ob die Zuordnung auch stimmig ist: Würde man etwa die Freiheit im Bereich der Wirtschaft zulassen, käme es dann nicht zu den bekannten Auswüchsen einer freien neoliberalen Wirtschaft? Wäre die Gleichheit im Bereich des Geisteslebens und der persönlichen Entwicklung nicht genauso fehl am Platze?

Die meisten der bestehenden Parteien bekennen sich entweder zu einer liberalen (freiheitlichen), einer christlich-sozialen (brüderlichen) oder sozialdemokratischen Politik und werben auf Grund ihrer Einseitigkeit für ein „Einheitsgebräu der Mitte".

Vertieft man sich in die Gedanken der Dreigliederung, kommt man zu dem Schluss, dass:

- liberales Gedankengut und Selbstverwaltung in den Bereich der individuellen Freiheit und der kulturellen Vielfalt (Geistesleben) gehört,
- die Demokratie, als die gleichberechtigte Mitbestimmung aller Bürger in den Bereich des Staates und der Gesetzesentwicklung (Rechtsleben) gehört,
- der Sozialismus (die christliche Nächstenliebe, die Solidarität, die Gemeinnützigkeit) in den Bereich der Wirtschaft (Wirtschaftsleben) gehört.

Der sogenannte „dritte Weg" (neben Privat- und Staatskapitalismus), verwirklicht wesensgerecht die Vorteile von Liberalismus und Sozialismus auf demokratischer Basis. Folgende Konsequenzen einer inadäquaten Politik könnten so vermieden werden:

- anstelle von Unwissenheit, Fremdbestimmung und Abhängigkeiten gäbe es individuelle Ausbildungen und freie Entfaltung und Förderung der Fähigkeiten des Einzelnen
- anstelle von Hass und Gleichgültigkeit gäbe es ein Miteinanderleben in Gleichheit sowie Toleranz und Interesse für einen vielfältigen Meinungsaustausch aller mündigen Bürger
- antstelle von Begierde und egoistischer Gewinnmaximierung gäbe es Solidarität zum Wohle aller Mitmenschen.

Das natürliche Zusammenwirken der drei gesellschaftlichen Glieder

Wie schon oben erwähnt müssten die drei genannten gesellschaftlichen Bereiche autonom, mit zum Teil neu zu schaffenden Organen, verwaltet werden, wobei kein Bereich den anderen untergeordnet werden dürfte. Wie aber kann man sich deren Zusammenwirken vorstellen?

Ein bekanntes Sozialgesetz besagt, dass es einer Gesamtheit von zusammenarbeitenden Menschen umso besser geht, je weniger der einzelne die Erträgnisse seiner Leistungen für sich beansprucht, das heißt, je mehr er von diesen Erträgnissen an seine Mitarbeiter abgibt, und je mehr seine eigenen Bedürfnisse nicht aus seinen Leistungen, sondern aus den Leistungen der anderen befriedigt werden.

Unsere Gesellschaft ist bereits eine arbeitsteilige Gesellschaft, aber keine einkommensteilige. In einem „dreigliedrigen sozialen Organismus" ist allerdings eine arbeitsteilige und einkommensteilige Gesellschaft unabdingbar nötig. Dazu muss es zu einer Trennung von Arbeit und Einkommen kommen und die Solidarität muss den Einzelegoismus ablösen.

Was muss sich ändern? Die in der Freiheit und Selbstbestimmung der menschlichen Individualität wesensmäßig gegründete Kreativität und die sich daraus ergebende Tätigkeiten (Geistesleben) sollten von jedem, in freier Entscheidung, als Arbeit in den Produktionsprozess eingebracht werden können.

Arbeit, in Form der Beteiligung an der Produktion, wird im Bereich des Wirtschaftslebens erbracht. Die Einkommensbildung entsteht wie bisher auch in diesem Wirtschaftsleben, indem ein Mensch ein Bedürfnis nach einer produzierten Ware (oder Dienstleistung) hat und diese gegen Geld erwirbt.

Aber das Einkommen, das der produzierende Mensch zu Befriedigung seiner Bedürfnisse erhält, bekommt er Form eines vertragsmäßigen Teilungsverhältnisses (Rechtslebens). Statt einer Entlohnung der Arbeit als Ware, wie bisher   üblich, wird das Einkommen als ein Menschenrecht anerkannt. Weder Arbeit noch Rechte sollten gegen Waren eintauschbar sein. Geld, das ein Mitarbeiter eines Betriebes als Einkommen erhält, ist ein Rechtsdokument mit dem er als Konsument Konsumgüter am Markt erwerben kann. Geld ist ein Rechtsregulator des Wirtschaftskreislaufes.

Es ist sinnvoll das natürliche Zusammenwirken der drei Glieder noch etwas näher zu betrachten. Am Anfang des Prozesses steht also zunächst ein Bedürfnis, zum Beispiel das Bedürfnis nach einem materiellen Gut. Um dieses zu produzieren, braucht es einerseits die Geschenke der Natur, die die Grundlage zu aller Lebensfähigkeit darstellen, andererseits unzählige Fähigkeiten (Geistesleben) und eine Menge geleisteter Arbeit bis das fertige Produkt seinen Konsumwert erhält . Indirekt ist fast die ganze Menschheit an dem arbeitsteiligen Prozess beteiligt: die Bauern und Bergleute, die Fabrikanten, die Kleider und Nahrungshersteller, die Ärzte und Lehrer, die Fahrer, die Verkäufer usw., usw.

Um all die Arbeitsschritte und Fähigkeiten zu koordinieren, braucht es Abmachungen in Form von mündlichen oder schriftlichen Verträgen (Rechtsleben). Erst wenn das Endprodukt vorliegt und jemand das Bedürfnis hat es zu kaufen, hat es erst einen wirtschaftlichen Wert und es kommt dadurch zur bereits erwähnten Einkommensbildung. Die Verteilung dieses Einkommens ist eine Frage des Vertrages zwischen denjenigen die ihre Fähigkeiten zur Herstellung des Produktes nutzbar gemacht haben (Rechtsleben). Herrscht hier parallel zur Arbeitsteilung eine gerechte Einkommensverteilung, herrsch wirkliche Gleichheit beim Zustandekommen der Kontrakte, dann kann es nicht sein, dass der Kapitalbesitzer immer reicher wird, z.B. der Dritteweltproduzent seine Fähigkeiten aber zu einem Spottpreis anbieten muss. Die Tragik unserer Tage ist, dass derjenige, der sich ärgert, dass sein Arbeitgeber ihn einfach in die

Arbeitslosigkeit und in die Mittellosigkeit entlässt, oft nicht merkt, dass er durch den regelmäßigen Kauf von Billigprodukten die Arbeitskräfte in anderen Ländern genauso in die Armut verbannt.

Um eine solidarische Wirtschaft zu erreichen, der es um die bestmögliche Organisation der benötigten Leistungsprozesse zum gegenseitigen Vorteil geht, müssten Assoziationen in Form von Beratungs- und Kooperationsorganen zwischen den am Wirtschaftsprozess beteiligten, regional- und/oder branchenbezogenen Produzenten, Handel und Konsumenten auf der Grundlage der Vertragsfreiheit gegründet werden. Bedarfsermittlung, Produktionsplanung, Preisermittlung, Finanzausgleich zwischen Unternehmen, Finanzierung der Einkommen, Renten und sozial notwendiger (aber defizitärer Unternehmen) müssten ins Leben gerufen werden. Die Bedürfnisse der Kunden müssten in den Mittelpunkt des Geschehens rücken.

Eine weitere Voraussetzung für eine auf Brüderlichkeit aufbauende Wirtschaft ist die Unverkäuflichkeit von Produktionsmitteln inklusive von Grund und Boden. Dadurch würde deren Nutzungsrecht eine für die Allgemeinheit gewinnbringende Produktion ermöglichen. Dieses Recht wäre auf Nachfolger übertragbar, jedoch nicht verkäuflich. Jedes Unternehmen, das sich auf der genannten Basis aufbaut, hätte ein Recht auf einen Kredit von einer demokratischen Zentralbank, der aber mit den Geldern der verkauften Waren zurückgezahlt werden müsste. Florierende Unternehmen könnten allen am Betrieb Beteiligten höhere Gehälter auszahlen. Das Unternehmen selbst aber könnte kein Spekulatonsobjekt sein. Es gäbe nämlich keinen Betriebseigentümer mehr im jetzigen Sinn. Alle Mitarbeiter wären Mitunternehmer statt Angestellte, was einen positiven Einfluss auf die Motivation aller Beteiligten hätte.

Die Wirtschaft basiert auf den Fähigkeiten der einzelnen Mitarbeiter. Die Fähigkeiten müssten in Schulen gefördert werden, in denen sich die Lehrer unabhängig von staatlicher Bevormundung (anstatt als Staatsbeamte) der individuellen Förderung der Schüler widmen könnten. Ebenso wie die Schulen müssten Universitäten und Forschungsinstitute unabhängig von Staat und Wirtschaft sein. Keine Fähigkeiten sollten brach liegen, nur weil sie vom Staatsprogramm nicht gefördert oder von der Wirtschaft gerade unerwünscht sind. So würden die Menschen zu voller Mündigkeit gelangen und in Gleichheit das Rechtsleben mitgestalten können. In diesem würden zum Beispiel das Arbeitsrecht und das Recht auf Schulbildung festgeschrieben werden. Die unter Beteiligung aller Bürger erstellten Gesetze, würden ebenso wie die Naturgesetze, den Rahmen für die wirtschaftlichen Tätigkeiten abgeben. Das Fazit wäre, dass es als Bedingung der Freiheit aller Individuen zu einer Bändigung der kapitalistischen Geldwirtschaft durch eine demokratische Rechtsordnung kommen muss.

II. Drei Vorschläge für die Entwicklung der europäischen Gesellschaft

Im Folgenden werden drei praktische Vorschläge (Direkte Demokratie, Bürgergeld, Neutrales Geld), als Basis zur Entwicklung einer dreigliedrigen
europäischen Gesellschaft vorgestellt. Diese Gesellschaft sollte auf individuelle
Freiheit und Bewusstsein sowie Information und Mitgestaltung aufgebaut sein,
um die Bedürfnisse aller Bürger optimal zu erfüllen.

Die dreistufige Bürgergesetzgebung als Basis des demokratischen Rechtsstaates

Eine demokratische Rechtsordnung muss im Bewusstsein der darin lebenden
Menschen abgebildet sein, sonst wird sie als künstlich und bürokratisch
empfunden. Der Mensch sollte im Zentrum der Gesellschaftsordnung stehen und
bewusst an ihrer Entwicklung teilhaben. Diese kreativ-spirituelle Dimension ist
einlösbar durch die freie Beteiligung an der Möglichkeit der direkten
Demokratie. Unter Direkte Demokratie wird die Bürgergesetzgebung, die die
grundsätzlichen Strukturveränderungen einleitet, verstanden. Man kann
Entscheidungen nur dann wirklich mittragen, wenn man nach Möglichkeit an
deren Entstehung in Eigenverantwortlichkeit mitgewirkt hat. Die Bürger und
Bürgerinnen als Souverän, können dann durch die ergänzende Arbeit des
Parlamentes entlastet werden.

Direkte Demokratie, wie sie hier verstanden wird, meint weder demagogisch
gesteuerte Referenden, noch Volksbefragungen zur politischen Manipulation
zugunsten von Oppositionsparteien. Das adäquate Instrument ist die von den
Bürgern ausgehende dreistufige Bürgergesetzgebung, zur Verbesserung
bestehender oder zum Vorschlagen neuer Gesetze.

Die drei Stufen der vorgeschlagenen Bürgergesetzgebung bestehen aus
„Initiative", „Begehren" und „Abstimmung".

In der ersten Initiativphase macht eine bestimmte Zahl von Bürgern einen
Vorschlag für ein Gesetz inklusive Begründung. Wird dieser in einer fest-
gesetzten Zeit nicht vom Parlament angenommen, wird in einer zweiten Phase,
das Bürgerbegehren eingeleitet. Während dieser zweiten Phase werden alle
Betroffenen umfassend informiert und können über die Vor- und Nachteile des
Vorschlages debattieren. Dabei ist der gleichberechtigte Zugang zu den Medien
eine unabdingbare Voraussetzung. Da diese Phase für den Bewusstseinsprozess
ausschlaggebend ist, beansprucht sie einen angemessenen, nicht zu kurzen,
Zeitraum. Auch darf die Zahl der benötigten Unterschriften nicht so hoch
angesetzt sein, dass das Instrument nicht indirekt funktionsunfähig wird. Wird

die vorher festgelegte Zahl der Unterschriften zur Unterstützung des Begehrens erreicht, kommt es in einer dritten Phase zu der bindenden Abstimmung.

Die Einführung der dreistufigen Bürgergesetzgebung sollte nach dem gleichen Modell erfolgen, denn die Bürger und Bürgerinnen sollen selbst entscheiden, ob sie mehr mitbestimmen wollen oder nicht.

Die gleichberechtigte demokratische Mitbestimmung in Form der dreistufigen Bürger- oder Volksgesetzgebung wird schon seit den 60er Jahren vom Kulturzentrum Achberg, zum Teil in Zusammenarbeit mit Joseph Beuys, sowie neueren Initiativen (Mehr Demokratie e.V., Omnibus – Gemeinnützige GmbH für Direkte Demokratie, Initiativ-Gesellschaft EuroVision) propagiert. Nach Beuys ist jeder Mensch ein Künstler (erweiterter Kunstbegriff), indem er seine Kreativität lebt und bewusst an der Gesellschaftsgestaltung („die soziale Skulptur") mitwirkt.

In Luxemburg schlug der Ministerpräsident Jean-Claude Juncker in seiner Rede zur Lage der Nation am 3 Mai 2001 vor „Bei hirem Untrëtt huet d'Regierung hire Wëllen zum Ausdrock bruecht, aus eiser äifreger, mä e bësse agefruerener Demokratie eng ze maachen, déi méi e partizipativen Touch hätt. En fait geet et net drëm, der Demokratie e méi partizipativen Touch ze gin, hir gewëssermoossen e Klaps op d'Schëller ze ginn. Wat mir wëllen, si basisdemokratesch Strukturreformen, déi de Bierger, d'Politik an de Stat méi enk mateneen a Beréierung bréngen.

Mir waarden op der Chamber hir definitiv Festleeungen zum Verfassungsreferendum, deem Referendum also, iwwert deen de Vollekssouverain d'Verfassung vum Land kann änneren. Wann dat Gerüst bis steet, befaasse mer d'Chamber mat engem Gesetz iwwert d'Aféierung vun enger sougenannter Volleksinitiativ. Dës soll enger bestëmmter Unzuel vu Wieler – mit haten un 10.000 geduecht – et erlaben eng Proposition de loi dem Parlament zouzestellen, iwwert déi d'Chamber dann och muss befannen. Lehnt se dës Gesetzespropositioun of, kann eng méi grouss Zuel vu Wieler e Referendum iwwert déi Gesetzespropositioun erzwéngen. Eng Demokratie, déi e Schrack a Richtung méi Partizipatioun soll maachen, brauch fir hiren internen Dagesfonktionement och d'Institutioun vum Biergerveoptragten, vum Médiateur, vum „Knouterman"…"

Direkte Demokratie in Form einer bewussten Verantwortungsübernahme für die gesellschaftliche Entwicklung durch informierte, gleichberechtigte Bürger könnte als Basis des demokratischen Rechtslebens (der Demokratie) dienen.

Hätten die Bürger sich für diesen Weg ausgesprochen, könnten zwei weitere

Rechtsfragen als Bürgergesetzesinitiativen zur Debatte stehen, um die Realisierung der Ziele in den anderen beiden gesellschaftlichen Gliedern (Geistes- und Wirtschaftsleben) zu fördern. Beide hängen mit dem Thema Geld zusammen, denn das Recht sollte vor das Geld gestellt werden und nicht umgekehrt:

- Bürgergeld als bedingungsfreies Einkommen für alle als Basis für die individuelle Freiheit im Geistesleben.
- Regelung der Fragen die mit einem neutralen Geld zusammenhängen (u.a. Zinsproblematik) als Basis für Solidarität im Wirtschaftsleben.

Ein Grundeinkommen („Bürgergeld") als Basis für die Entwicklung der individuellen Fähigkeiten

Mit „Bürgergeld" ist ein Einkommen gemeint, das man erhält, weil man lebt, nicht um zu überleben. Ein menschenwürdiges Leben für alle muss durch die Einführung eines garantierten Grundeinkommens d.h. eines allgemeinen Basiseinkommens für alle ohne Vorbedingungen möglich werden. Es müsste die Grundbedürfnisse nach Ernährung, Bekleidung, Wohnung, Kranken- und Pflegeversicherung abdecken. Dies würde die minimale notwendige Basis für die Ausübung einer freien individuellen Entfaltung bedeuten. Dass dies finanzierbar ist haben die betroffenen Experten längst geklärt und steht außer Frage. Außerdem würde das weltweit Produzierte, wäre es gerecht verteilt, genügen um allen Menschen ein lebenswertes Leben zu ermöglichen.

Zunächst würden die Schwächsten der Gesellschaft, die Menschen die arbeitslos, krank, behindert, unqualifiziert ... wären, davon profitieren. Aber auch all diejenigen, die im Moment nicht bezahlten Tätigkeiten nachgehen: Hausarbeit, Kindererziehung, Krankenpflege, Aus- und Weiterbildung, ehrenamtliche Verrichtungen, künstlerische Betätigungen .... Ein weiterer Vorteil wäre, dass nicht mehr irgendwelche Arbeit um jeden Preis angenommen werden müsste. Vor allem die aktuellen Mindesteinkommens- und Sozialhilfeempfänger hätten wieder die notwendige Freiheit bei der Suche nach einer Arbeit oder sinnvollen Tätigkeit. Außerdem würde das Bürgergeld manche menschenunwürdigen und stigmatisierenden Behördengänge und deren Finanzierung (Verwaltungskosten) ersparen. Auch die Folgekosten der Probleme der von Existenzängsten Betroffenen (Medikamente, Alkohol, Steuerausfall ...) wären deutlich geringer.

Mehr Lebensqualität und freie Entwicklungsmöglichkeiten der Fähigkeiten und ihrer kreativen Entfaltung wären ein Gewinn für alle. Konkrete Vorschläge (z.B. Negativsteuer) von Seiten der Forschung und der Politik gibt es bereits. Z.B. das „Basic Income European Network (BIEN)" (Links zu BIEN sowie weitere Links unter: www.mtk.lu/idd.htm) bemüht sich um die europaweite Einführung des Bürgergeldes auf individueller Basis ohne Vorbedingungen oder Arbeitsverpflichtungen.

In Luxemburg wurde 2000 von der Privatbeamtenkammer die Einführung einer
Negativsteuer vorgeschlagen. Positive Reaktionen kamen etwa von der
Privatbeamtenabteilung der größten Gewerkschaft oder der Arbeiterkammer und
die Regierung hat ein Gutachten des Wirtschafts- und Sozialrates (CES) zur
Negativsteuer angefordert.

**Das „neutrale Geld" als Basis einer solidarischen Wirtschaft zur
Bedürfnisbefriedigung aller Menschen**

Wenn man sich den gesunden wirtschaftlichen Prozess vergegenwärtigt, der
mittels der Verwendung der vorhandenen Fähigkeiten und unter Berücksichti-
gung der bestehenden Gesetze die natürlichen Bedürfnisse der Menschen
befriedigt, kommt das Geld zunächst gar nicht vor. Was ist denn das Geld? Geld
ist ein Rechtselement und dient dem Ausdruck des Wertverhältnisses der
geschaffenen Produkte. Geld selbst sollte keinen Warencharakter besitzen. Es
müsste nur als öffentlich anerkanntes neutrales Verkehrsmittel zwischen den
Produzierenden und den Konsumenten im Umlauf sein, statt privates
Spekulationsobjekt zu sein.

Das Geld ist aber in dem Sinn nicht neutral, indem es nämlich gegenüber
anderen Waren einen „Jokervorteil" hat. Es kann nicht verderben, braucht kaum
Speicherplatz, ist gegen fast alles austauschbar und der Einsatzzeitpunkt ist frei
bestimmbar. Diejenigen aber, die es sich leisten können das Geld aus dem
gesunden Umlauf herauszuhalten, um egoistische Gewinne zu erzielen, müssen
nicht für diesen an sich unsozialen Akt eine Gebühr (etwa eine an die
Allgemeinheit zu zahlende „Liquiditätsabgabe") entrichten, sondern werden
auch noch mit Zinsen belohnt. Durch die Zinseszinsen kommt es dann zu einer
krebsartigen Entwicklung (exponentieller Wachstum), die den stetigen Anstieg
der Armut auf Kosten weniger Privilegierter fördert. Der Spruch „das Geld
arbeitet für mich" bedeutet in Wahrheit, dass jemand den Gegenwert mit seiner
Arbeit produzieren muss. Weiter sind Überverschuldung einzelner Menschen
und ganzer Staaten, vor allem in der dritten Welt, sowie die Naturzerstörung,
aufgrund des mit der Zinsproblematik zusammenhängenden nötigen stetigen
Wirtschaftswachstums, eine logische Folge.

Durch öffentlich und privatwirtschaftlich getätigte zu verzinsende Schulden
versteckt sich in jedem Preis ein großer Prozentsatz an versteckter Zinszahlung.
Ohne diese wären die Preise niedriger, das heißt die Kaufkraft wäre
dementsprechend größer oder die Menschen könnten weniger arbeiten, was ihrer
freien Entwicklung (Fortbildung) oder ihrem Miteinander (Gestaltung der
Gesellschaft) zu Gute käme.

Ist ein Wandel in Richtung „neutrales Geld" nicht eine Utopie? Viele Autoren wie Helmut Creutz, Silvio Gesell, Udo Herrmannstorfer, Margrit Kennedy, Bernard Lietaer, Werner Onken, Wilhelm Schmundt oder Dieter Suhr schlagen mehr oder weniger gangbare Alternativen zur ungesunden aktuellen Situation vor und veröffentlichen eindeutige Zahlen, die die aktuellen Entwicklungen und Verknüpfungen deutlich belegen (Links siehe www.mtk.lu/idd.htm).

Die drei genannten Vorschläge, Direkte Demokratie, Bürgergeld und Neutrales Geld, können sicher um viele anregende Vorschläge ergänzt und erweitert werden (etwa „Bodennutzungsrechte statt Bodenspekulation" oder „sozial-ökologische Steuerreformen"), denn die gesellschaftliche Gestaltung ist ein Prozess, der immer neue Lösungsansätze erfordert.

Luxemburg, der 18. Mai 2002

Die Zukunft denken: Bedingungsloses Grundeinkommen, mehr sinnvolle Beschäftigung und weniger Bürokratie durch Abschaffung der Lohnnebenkosten und der Einkommens- und Unternehmenssteuern!

Beitrag zur Tagung „Grundeinkommen als ein Ziel und dreistufige Volksgesetzgebung als Weg der Neugestaltung des sozialen Organismus" vom 5.-8. Januar 2006 im Internationalen Kulturzentrum Achberg

Daraus hervorgegangen sind folgende Artikel: „Bedingungsloses Grundeinkommen: die Zukunft denken!" im Luxemburger Wort am 9.3.2006 (Seite 6 und 7) und „Bedingungsloses Grundeinkommen, Demokratie, Bildungs- und Geldfragen." im Tageblatt am 31.3.2006 (Seite 16).

I. Einleitung

Bereits 2002 forderten Teile der luxemburgischen Zivilgesellschaft bei der Erstellung der Nationalen Aktionspläne zur Bekämpfung der Armut (http://www.mtk.lu/arteapnpanincl.html), ebenfalls 2002 im Forum zum EU-Verfassungskonvent, 2003 im Luxemburger Sozialforum (http://www.mtk.lu/strawekonvent.html) und 2005 vor dem luxemburgischen Parlament während des Hearings "EU-Verfassungsvertrag und Soziales" (http://www.mtk.lu/eu.html) ein bedingungsloses Grundeinkommen bzw. eine Neuregelung der Geldfunktionen (z.B. bei der Spekulations-, Zins- und Steuerproblematik).

Ein bedingungsloses Grundeinkommen auf der Grundlage einer Schrittweisen Umgestaltung unseres Steuerwesens in Richtung Verbrauchssteuern schlug Prof. Götz Werner der Universität Karlsruhe, Gründer und Geschäftsführer eines Milliardenbetriebs mit mehr als 1500 Filialen und 21.000 Mitarbeitern, im vergangenen Herbst in mehreren großen deutschen Tageszeitungen vor und löste damit eine breite Diskussion aus. Er hatte schon für Aufsehen gesorgt, als er am 2. Juli 2005 in der „Stuttgarter Zeitung" die Schaffung neuer Arbeitsplätze für überflüssig hielt, da man die Menschen seiner Meinung nach doch eher von der Arbeit befreien sollte! Arbeitslose, so Prof. Werner, seien Ausdruck der Produktivitätsentwicklung, die bei uns die Bedürfnisentwicklung längst überholt habe. Er bestritt das Bestehen einer Wirtschaftskrise und betonte, dass Kulturfragen das eigentliche Problem seien! (www.unternimm-die-zukunft.de) .

Sind das alles nur Provokationen oder Utopien, die man geneigt ist, übereilt und vorurteilsvoll abzulehnen? Oder sind es vielleicht doch sinnvolle Schritte in eine menschenwürdige Zukunft, das heißt wirkliche Alternativen, die erst einmal in aller Ruhe bedacht werden müssten?

II. Einige allgemeine Überlegungen

... zu Konsum- oder Verbrauchersteuern

Unsere Steuer- und Sozialsysteme stammen größtenteils aus einer Zeit, als die Wirtschaft noch auf Selbstversorgung in kleineren autonomen Gemeinschaften aufgebaut war. Durch die Entwicklung und Globalisierung der Wirtschaft haben sich die Produktionsformen grundlegend verändert. Heute arbeiten wir fast ausschließlich nicht mehr für uns selbst, sondern nur noch für unsere Mitmenschen. Sollen wir dafür mit Steuern „bestraft" werden? Müssten nicht die Verbraucher der Arbeitsprodukte, ob Waren oder Dienstleistungen, also die Konsumenten für die von der Gesellschaft erbrachte Leistung durch Steuern etwas an die Allgemeinheit abtreten? Verbrauchssteuern (heute in Form von Mehrwertsteuern bekannt) als einzige oder zumindest als Hauptsteuerquelle wären angebracht. Die meisten heute diskutierten Reformvorschläge entbehren jeder Nachhaltigkeit und haben nachweisbar höchstens kurzfristige Effekte!

... zu einem bedingungslosen Grundeinkommen

Ohne grundlegendes Umdenken steuern wir höchstwahrscheinlich auf die von Zbigniew Brezezinski, dem früheren Berater Jimmy Carters vorausgesagte Situation zu, in der nur noch etwa 20% des Arbeitskontingents notwendig sein werden, um die Weltwirtschaft in Gang zu halten. Die restliche arbeitslose Bevölkerung könnte mit „tittytainment", also einer Mischung aus billiger betäubender Unterhaltung und etwas Nahrung ruhig gestellt werden. Wenn wir fähig sind, bewusst in die Zukunft zu denken, kann ein erster sinnvoller Schritt heißen, den Menschen ein bedingungsloses Grundeinkommen zur Verfügung zu stellen. Ein Grundeinkommen, das die Grundbedürfnisse nach Ernährung, Bekleidung, Wohnung, Kranken- und Pflegeversicherung abdecken muss und das man erhält, weil man lebt, nicht um zu überleben. Dadurch wird die Menschenwürde gewahrt, indem jedem Einzelnen ermöglicht wird, sein kreatives Potential sinnvoll umzusetzen, sich selber zu entwickeln und freiwillig am Dienst seiner Mitmenschen mitzuwirken. Das bedeutet einerseits, dass die soziale Integration nicht länger von einer immer weniger benötigten bezahlten Arbeit abhängen darf. Andererseits, dass die den Lebenswert garantierende, individuelle, freie Entfaltung gewahrt bleiben muss.

Und was bedeuten diese Forderungen in Bezug auf unsere Umwelt, die Natur, den Grund und Boden, dessen Schätze ... sind sie nicht für alle Lebewesen gleichermaßen da? Wollen wir wirklich, dass sie auf Dauer von einigen

Wenigen aus irgendwelchen Profitgründen ohne wenn und aber für sich beansprucht werden? Steht da nicht jedem einzelnen Menschen eine gleichberechtigte Teilhabe zu? Dieser Anteil könnte durch ein bedingungsloses Grundeinkommen gesichert werden. Seit Jahren plädieren namhafte Experten für ein solches Einkommen, wie etwa der Nobelpreisträger Milton Friedmann oder auch schon früher Erich Fromm. Es gibt verschiedene Modelle und Namen dafür: „negative Einkommenssteuer, Bürgergeld, Grundsicherung, bedingungslose Sozialdividende, Bürgerversicherung", aber gleich welcher Name, die Grundidee bleibt eine ähnliche.

III. Konkrete Gestaltung

Jeder bekommt ein bedingungsloses Grundeinkommen, in dem alle heutigen sozialen Transferleistungen enthalten sind (Individualbezug, kein Haushaltsbezug). Zur Zeit bekommen einige Menschen Sozialleistungen, andere profitieren von Steuerschlupflöchern oder wiederum andere erhalten gar nichts. Mit dem Grundeinkommen ohne Vorbedingungen entfallen Schuldzuweisungen, denn was dieses Recht betrifft, werden alle Bürger gleich behandelt. Heutzutage wird die Vollversorgung bei sinkender Beschäftigung immer schwieriger, Sozialeinkommen werden immer notwendiger. Da wäre das Grundeinkommen eine echte Alternative. In einer Gesellschaft, in der die maschinengesteuerte Produktivität zusehends zunimmt und dadurch die Arbeitslosigkeit weiter zunimmt, müssen die Finanzströme neu geregelt werden. Was die Höhe des Grundeinkommens betrifft, wäre eine Orientierung an der EU-Armutsrisikoquote denkbar (60% des Medianeinkommens des Landes). Wem das Grundeinkommen zu niedrig ist, kann sich zusätzlich privat absichern. Jeder sollte ohne Einschränkungen **unter voller Anrechnung** zu dem bedingungslosen Grundeinkommen **so viel dazu verdienen können, wie er möchte** und sich so den Konsum erarbeiten, der für ihn gerade richtig ist.

- **Das Grundeinkommen ist als Sockel in allen anderen Einkommen enthalten.** Sowohl Unternehmen wie auch gemeinnützige Einrichtungen können Menschen viel leichter einstellen, indem sie deren Grundeinkommen bloß ergänzen. Das Einstellen von Arbeitskraft wird ja entsprechend dem Grundeinkommen billiger und das Thema Arbeitslosigkeit wird auch aus diesem Grunde seine Brisanz verlieren. Dazu kommt, dass durch die finanzielle Basisversorgung weniger Menschen in der Lohnabhängigkeit tätig sein müssen. **Arbeiten im Gesundheits-, Pflege-, Sozial- oder Ökobereich, die dringend notwendig sind, werden bezahlbarer** und dadurch oft erst ermöglicht. Auch vermehrte ehrenamtliche Tätigkeiten werden begünstigt.
- **„Lohnnebenkosten" wie Renten-, Kranken- und Pflegeversicherung, Einkommens-, Lohn- und Unternehmersteuern**

werden abgeschafft und durch eine Konsumsteuer (eine Art erhöhter Mehrwertsteuer) **ersetzt.** Ob und wie diese zweckgebunden aufgeteilt werden könnte, soll hier nicht weiter erörtert werden. Die Kalkulation der Preise könnte auf jeden Fall tiefer angesetzt werden, um die Erhöhung der dann beim Kauf fälligen Konsumsteuern auszugleichen und gleichzeitig um die **Preise stabil** zu **halten**.

- Die eingenommene Konsumsteuer wird benutzt, um die **Grundeinkommen und die üblichen Steuerausgaben** für den Staatsapparat und die allgemeinen Infrastrukturausgaben zu finanzieren. Vorteilhaft ist, dass diese **von allen Konsumenten getragen** werden und nicht nur von den immer weniger werdenden Arbeitenden. Diejenigen die viel konsumieren, tragen viel zu den Steuereinnahmen bei, und diejenigen, die viele Luxusgüter konsumieren, entsprechend umso mehr.

- Aus **ökologischen Gründen**, aber auch um **keine sozialen Ungerechtigkeiten** zu schaffen, **wird die Höhe der Konsumsteuern weit gestaffelt**. Ein Faktor wird dabei die Umweltverträglichkeit der Konsumgüter und Dienstleistungen sein, ein anderer die Frage, ob das Erworbene zum Grundbedarf der Menschen gehört oder einfach nur Luxus bedeutet. Auch Einkommen, auf denen zur Zeit keine Mehrwertsteuer erhoben wird, die aber ohne eigene Leistung bezogen werden und auf den Leistungen anderer Menschen oder der Natur beruhen, wie das zum Beispiel bei den verschiedensten Formen von **Geld- und Bodenspekulationen oder Finanztransaktionen** der Fall ist, wären **kosumsteuerpflichtig**. So würden zum Beispiel wohlhabende Unternehmer, die sich an solchen Spekulationen weiter bereichern, über ihren normalen Konsum hinaus am Allgemeinwohl beteiligt, denn Prof. Werner meint, dass Unternehmer heutzutage faktisch keine Steuern zahlen. Dies kommt durch Vergünstigungen, Verlagerungen ins Ausland und durch Verrechnungen in den Preisen zu Stande.

- **Beim Export entfallen die Konsumsteuern.** Exportieren wird also begünstigt, was einen **Wirtschaftsschub** bedeutet und gleichfalls förderlich für die Beschäftigungslage ist. Die Menschen im Ausland bräuchten unsere Steuer- und Soziallasten nicht mehr mitzutragen, von denen sie ja auch nicht profitieren. Ob sie ihrerseits Konsumsteuern einführen, ist ihnen überlassen (Subsidiaritätsgedanke). Ein Aufschlag für eine Entwicklungshilfesteuer beim Export wäre möglich. Die Sozialabgaben wären international wettbewerbsneutral. Manche Importe, die nun unter die gleichen steuerlichen Bedingungen fallen würden wie die lokalen Produkte, könnten teurer werden. Aber durch die Staffelung der Konsumsteuer könnte dieses Problem gelöst werden. Entsprechend könnten auch Übergangslösungen bei Exportüberschüssen gefunden werden.

IV. Vorteile auf drei Ebenen

Vorteile eines bedingungslosen Grundeinkommen

Für den einzelnen Menschen ...

- Die persönliche Wahl zur Lohnarbeit ersetzt den heutigen Zwang für viele Menschen. Dies garantiert nicht nur mehr Freiheit, sondern trägt substantiell zur Minderung der Lebensängste bei.
- Zunächst profitieren die Schwächsten der Gesellschaft, die Menschen, die arbeitslos, krank, behindert, unqualifiziert sind. Armut trotz Lohnarbeit gehört dann der Vergangenheit an. Ebenso die Annahme einer Arbeit um jeden Preis.
- Es profitieren aber auch all diejenigen, die im Moment nicht bezahlten Tätigkeiten nachgehen: sinnvolle Tätigkeiten wie Haushaltsarbeit, Kindererziehung, Krankenpflege, Aus- und Weiterbildung, ehrenamtliche Verrichtungen, künstlerische Betätigungen werden aufgewertet.
- Vielen Menschen können oft menschenunwürdige und stigmatisierende Behördengänge erspart bleiben. Ein Überstülpen einer Arbeitsmaßnahme wird es nicht mehr geben. Man kann als vollberechtigter Mitarbeiter bei bestehenden Initiativen mitwirken oder selbst neue begründen. Das bedingungslose Grundeinkommen ist eine Investition in die Entfaltung der Fähigkeiten eines jeden einzelnen Menschen.
- Langweilige und unangenehme Jobs werden höher entlohnt werden, da sie sonst keiner mehr verrichten wird.
- „Unethische" Jobs (z.B. in Rüstungsunternehmen), die jetzt auch aus Mangel an Alternativen angenommen werden müssen, könnten leichter gemieden werden.
- Die Arbeitsbedingungen würden sich in manchen Betrieben verbessern, um verschiedene Arbeitsplätze attraktiv genug zu halten.

Für die Gesellschaft ...

- Der Zwang zur Vollbeschäftigung entfällt.
- Jetzt brachliegende Arbeiten im Kultur- und Umweltbereich sowie im Sozialwesen werden vermehrt ergriffen, da sie jetzt eher bezahlbar werden.
- Die soziale Absicherung fördert das Umsetzen innovativer Ideen.
- Vereinfachte Sozialtransfers erfordern weniger Verwaltungsaufwand.
- Weniger Bürokratie bedeutet eine Ersparnis bei den staatlichen Ausgaben.
- Folgekosten von Existenzängsten bei Arbeitslosigkeit und

Marginalisierung wie das bei Medikamenten-, Alkohol- oder Drogen-missbrauch, Kriminalität, Depressionen oder anderen Neben-erscheinungen der Fall ist, werden deutlich gemindert.
- Fremdunterbringung und Fremderziehung bleibt manchen Kindern erspart, weil nicht beide Elternteile zur Arbeit gezwungen sind.
- Die Subventionierungsnotwendigkeit unrentabler Betriebe wird gemindert.

Für die Unternehmen ...
- Mitarbeitereinstellung, also das Schaffen von Arbeitsplätzen, wird billiger. Der Faktor Arbeit wird wieder interessanter, da die Arbeits-kosten sinken. Arbeitsintensive Bereiche müssen nicht mehr in die Dritte Welt verlagert werden. Die Wirtschaftsexperten fordern ja andauernd Lohnsenkungen zur Sicherung der internationalen Wettbewerbsfähigkeit.
- Mehr Einnahmen, da die niedrigen und mittleren Einkommen die kaufaktivsten sind. Besserverdienende können ja ihr ganzes Einkommen nicht durch normalen Konsum ausgeben, weil all ihre Konsumbedürfnisse früher gesättigt sind.
- Weniger Zwang zur Arbeit kann eine erhöhte Motivation der Mitarbeiter bedeuten.

Vorteile der Konsumsteuern

Für den einzelnen Menschen ...
- Jeder bestimmt selber, wie viel Steuern er zahlt, denn wer viel konsu-miert oder die Umwelt stark belastet, etwa durch Energieverbrauch oder Müll, zahlt viel.
- Das mühsame Ausfüllen einer Steuererklärung entfällt.

Für die Gesellschaft ...
- Alle Menschen tragen verstärkt dazu bei, die allgemeine Infrastruktur und die Sozialtransfers langfristig zu sichern. Die Probleme der sinkenden Zahl von Lohnempfängern und der Alterspyramide entfallen.
- Mehr Transparenz bei einer einzigen Steuer.
- Das Wegfallen von Steuerschlupflöchern. In steuerlicher Hinsicht gibt es keine „Schwarzarbeit" mehr. Die Kontrolle der Abgabe der Konsumsteuer besteht bereits jetzt.

Für die Unternehmen ...
- Unternehmersteuern und Lohnnebenkosten werden abgeschafft und müssen nicht mehr in die Preise eingerechnet werden.

- Der steuerbegünstigte oder steuerfreie Export wird interessanter.
- Was die Preise im Inland angeht, werden die Importe gleichwertig besteuert.
- Die Mitarbeitereinstellung wird gefördert.

V. Ist ein Grundeinkommen finanzierbar? Werden die Preise steigen?

Ist die Bezahlung eines bedingungslosen Grundeinkommens durch Abschaffung aller Steuern, außer einer Konsumsteuer, überhaupt möglich? Zunächst ist einmal zu sagen, dass eine solche Reform schrittweise eingeführt werden kann oder muss.

Am Geldmangel, als Vorwand gegen die Einführung eines bedingungslosen Grundeinkommens, kann es nicht liegen. Wie wären sonst die zurzeit bei Banken und Großkonzernen erwirtschafteten Maximalgewinne zu erklären? Es ist genügend Geld da, es liegt nur an der Verteilung des von allen erwirtschafteten Geldes. So kann man sagen, dass der Geldverkehr, der auf einem zwischenmenschlichen Rechtsvorgang und gegenseitigen Vertrauen basiert, nicht das Problem sein kann, sondern, dass es vielmehr an unserer Gewohnheit liegt, Einkommen immer mit Arbeit gekoppelt zu denken.

Erste Studien bestätigen die Umsetzbarkeit der gemachten Vorschläge. Da die Resultate je nach angewendetem Modell unterscheiden, auch was die Höhe des Grundeinkommens anbelangt differieren, bedarf es weiterer Untersuchungen. Interessant ist dabei, dass alle erforderlichen Geldströme zur Zahlung von bedingungslosem Grundeinkommen bereits heute schon auf steuerlicher Basis fließen.

- So gibt es heutzutage schon eine große Menge sozialer Transferleistungen zum Beispiel in Form von Kindergeld, Arbeitslosengeld, Sozialhilfen, Behinderten- oder Invalidenzulagen und dies mit einem oft nicht unbeträchtlichen bürokratischen und finanziellen Aufwand. Alle heute bestehenden sozialen Transferleistungen könnten also zusammengefasst werden und wären im Grundeinkommen enthalten. In Deutschland zum Beispiel gibt es 26,5 Millionen regulär Beschäftigte, 20 Millionen Rentner, 5 Millionen Arbeitslose, 2 Millionen Bezieher von Sozialhilfe, ohne die Bezieher von Kindergeld oder Bafög. Eine andere Zahl belegt, dass die heutigen Sozialausgaben höher liegen als die Multiplikation der Zahl der Deutschen mit dem gesetzlich festgelegten Existenzminimum.
- Alle Steuern bezahlen bereits heute die Endverbraucher der Produkte und Dienstleistungen. Damit werden neben sozialen Transfer-

leistungen, Straßen, Schulen usw. finanziert. Neben der Mehrwertsteuer sind in den Preisen alle Lohnnebenkosten, alle Unternehmenssteuern und Gewinnsteuern enthalten, ebenso alle Lohnsteuern der Angestellten, auch alle Zinszahlungen oder Leistungen für Vorprodukte. Dies ist aber leider alles sehr undurchsichtig. Einfacher ist es, dies alles in einer einzigen Steuer, nämlich der Konsumsteuer, zusammenzufassen.

Werden durch hohe Konsumsteuern die Preise nicht in die Höhe schießen? Werden die Firmen nicht einfach die Gewinne erhöhen und unter die Teilhaber verteilen? Wie soll das in der Praxis vor sich gehen?

- Die Preise werden schon aus **Wettbewerbsgründen** stabil bleiben, denn wenn ein Wettbewerber die gesunkenen Lohnkosten weitergibt und seine Preise senkt, um dadurch mehr Kunden zu gewinnen (so geschieht es ja auch bereits zur Zeit), müssen es ihm die weiteren Wettbewerber aus Gründen des Preiswettbewerbes gleichtun, sonst werden sie sich nicht lange am Markt halten.
- Eine stufenweise Umsetzung der Vorschläge **im Konsens** zwischen Unternehmen, Staat, Gewerkschaften und Zivilgesellschaft ist anstrebenswert und denkbar, weil schlussendlich alle von einer gesunden Wirtschaft und einer erhöhten sozialen Zufriedenheit profitieren. Informationskampagnen und Diskussionsforen etwa im Rahmen einer direkt-demokratischen Gesetzgebungsprozedur könnten den Umsetzungsprozess fördern.
- Eine **gesetzliche Regelung**, wie bei der Umstellung zum Euro könnte hilfreich sein. Damals waren Preiserhöhungen verboten und genaue Preisbeschilderungen Pflicht und es hat geklappt. Man könnte auch den Nachweis der Preissenkungen bei den Firmen einfordern, bevor ihnen die neuen Vorteile, d.h. die Abschaffung aller aktuellen Steuern, gewährt würden.

Einige weitere Bemerkungen zum finanziellen Aspekt der Vorschläge:

- Mögliche Schwankungen in der Übergangsphase müssten verkraftbar sein, denn in nur drei Jahren waren das auch, ohne größere Probleme, die Wechselkursschwankungen zwischen dem Euro und dem Dollar in der Größenordnung von 30%.
- Heutige Erfahrungen mit teilweise erheblichen Preisunterschieden in Grenzregionen deuten darauf hin, dass auch diesbezüglich keine nennenswerten Probleme zu erwarten sind. Dies ist ja für Luxemburg ein nicht zu vernachlässigender Aspekt. Bei der Festlegung der Höhe der Konsumsteuern ist darauf zu achten, dass die Preise im Rahmen

derjenigen der Grenzregion liegen.

- Der Zusammenhang zwischen Vereinfachung des Steuerrechts, dem bürokratischen Aufwand und den Einsparungsmöglichkeiten wird sehr deutlich am Beispiel Deutschlands. Ein 70 Milliarden Euro-Loch klafft in den deutschen Bundeshaushalten in diesem und im nächsten Jahr. Prof. Grossekettler (Plus Minus, ARD-BR, Steuererhöhungen und sonst nichts, Dienstag, 8. November 2005) hat in einer Studie nachgewiesen, dass in Deutschland allein 20% der Steuereinnahmen benötigt werden, um die Steuern einzuziehen, das sind in Geld ausgedrückt 88 Milliarden Euro. Allein durch eine Vereinfachung des Steuerrechts ist es also möglich, eine beträchtliche Menge Geld einzusparen, die man zur Erhöhung der Grundeinkommen nutzen könnte. Warum sollte das in Luxemburg viel anders sein?

VI. Werden viele Grundeinkommensbezieher auf der faulen Haut liegen?

Wohl kaum, denn folgende Punkte sprechen dagegen:

- Zunächst einmal ist ein Grundeinkommen kein Ausstieg für Faule aus der Gesellschaft, sondern eher als selbst bestimmter Einstieg freier Menschen in die Gemeinschaft zu werten.
- Viele sinnvolle Tätigkeiten, wie sie schon oben teilweise genannt wurden, können heute nur teilweise geleistet werden, weil sie kein menschenwürdiges Überleben ermöglichen.
- Kaum einer glaubt von sich, dass er faul auf der Haut liegen würde, traut es aber wahrscheinlich eher anderen Menschen zu. Das hat mit gegenseitigem Misstrauen zu tun. So glauben ja auch etliche Vorgesetzte, die sich aus sich heraus für motiviert halten, dass ihre Untergebenen zur Arbeitsmotivation unter Zwang gesetzt werden müssten. Ebenso ist Arbeitslosigkeit oft deshalb ein so großes psychisches Problem, weil es den Glaubenssatz gibt: „ Wer nicht arbeitet, liegt den anderen auf der Tasche" oder noch brutaler, „sollte auch nicht essen",
- Was den Egoismus als wirtschaftliche Antriebskraft anbelangt, meinen der Ökonomie-Nobelpreisträger und der ehemalige Weltbankchefökonom Joseph Stiglitz, dass die gängigen Wirtschaftsmodelle die Wahrheit verfehlen. Daniel Kahneman und Vernon L.Smith, beide Nobelpreisträger für Wirtschaft, haben herausgefunden, dass viele ökonomische Theorien realitätsfremd sind und dass die Menschen nicht so handeln wie man Adam Smith allgemein zitiert.
- Die Motivationspsychologie und die ökonomisch-psychologische Glücksforschung haben erwiesen, dass das Einbringen von Fähigkeiten

Glück erzeugt. Der immaterielle Wert der Arbeit sollte also auf keinen Fall unterschätzt werden.

- Neben Geld und Glück spielen soziale Kontakte des Menschen eine wesentliche Rolle beim Einsatz der Fähigkeiten in einer Gemeinschaft.
- Mehrere Großexperimente in den USA („war on poverty") zeigten, dass Grundeinkommensberechtigte sich keinesfalls auf die faule Haut legten, denn endlich lohnte sich, anders als bei der Sozialhilfe, das Dazuverdienen.
- Es wird nicht weniger arbeitende Menschen geben, denn es ist empirisch festzustellen, dass es in Ländern ohne staatliche Existenzgarantie fast immer mehr Arbeitslose gibt.

Natürlich wird es immer Menschen geben, denen es aus verschiedensten Ursachen heraus schwer fallen wird eigenständig die ihren Fähigkeiten entsprechende Tätigkeit zu finden. Eine adäquate Begleitung und Hilfestellung wird in   diesen Fällen weiterhin ihre Berechtigung haben.

VII. Ausblick

Direkte Demokratie

Eine grundlegende Reform mit bedingungslosem Grundeinkommen und neuem Steuersystem sollte den Menschen nicht einfach übergestülpt werden. Direkte demokratische Entscheidungsformen sind hier angebracht. Leider ist bei uns die Möglichkeit der Volksgesetzgebung noch nicht eingeführt, obschon gewichtige Argumente dafür sprechen:

- Der Bürger nimmt mehr Verantwortung wahr, als nur alle paar Jahre einen Blankoscheck auszustellen.
- Neue parteiunabhängige Ideen können ins Spiel gebracht werden.
- Politik gegen den Bürgerwillen wird erschwert durch die Initiativmöglichkeit der Bürger.
- Durch Diskussionsphasen im Entscheidungsprozess werden Bürger besser informiert.
- Die Menschen werden an den Problemlösungen beteiligt.
- Politischer Wettbewerb führt zu besseren Ergebnissen.
- Der Resignation wird der Boden entzogen, Interesse wird geweckt.
- Die Akzeptanz politischer Entscheidungen wird erhöht.
- Die Demokratie entwickelt sich weiter.

Gegenargumente wie „Bürger sind zu dumm oder leicht manipulierbar, Extremisten können den Bürgerentscheid missbrauchen, Minderheiten zwingen der Mehrheit ihren Willen auf, direkte Demokratie ist langsam und teuer, es kann doch nicht über alles abgestimmt werden, Probleme werden auf Ja-/Nein-Entscheidungen verkürzt, die Verantwortlichkeiten werden verwischt" usw. sind entweder leicht widerlegbar, nachweislich einfach Vorurteile oder durch die adäquaten Durchführungsbestimmungen vermeidbar.

Wenn die Rahmenbedingungen der Volksgesetzgebung adäquat geregelt sind, werden breitangelegte Informations- und Aufklärungskampagnen die Bewusstseinsprozesse und die Diskussionsmöglichkeiten fördern, auch in den Fällen, wo die Vorschläge keine Mehrheit finden.

Erziehung und Bildung

Damit direktdemokratische Prozesse die freien menschlichen Entscheidungen begünstigen, und nicht vereinfachende Demagogie die Überhand behält, sind die Erziehung und Bildung ab dem frühesten Kindesalter eminent wichtig. Dazu müssen die Fähigkeiten aller Kinder in Freiheit, d.h. unabhängig von Staats- oder Wirtschaftsinteressen, umfassend gefördert werden. Dies begünstigt die Entfaltung ihrer persönlichen Potentiale und die Ausführung ihrer „Berufung" und ist daher auch von Vorteil für all ihre Mitmenschen. Die Grundlagen sollten geschaffen werden, die einen echten Ersatz für die Motivation aus purer egoistischer Gewinnsucht bieten.

Ist dies momentan bei uns gewährleistet? In Luxemburg arbeiten laut EU-Statistiken nicht genug Frauen in einem bezahlten Job. Wenn aber immer mehr Mütter arbeiten wollen, sollen oder müssen, haben sie notgedrungen immer weniger Zeit für die Kindererziehung. Erziehung durch die Väter ist ja leider noch minoritär. Auch Lehrer wehren sich, die scheinbar immer schwierigeren Kinder erziehen zu müssen. Die Mehrheit der Lehrer, die in Staatsschulen tätig sind, sieht sich vor allem als Wissensvermittler. Laut einer rezenten Studie wird Kreativität als Wert in der Schule in Luxemburg eher als unwichtig betrachtet. Der Prozentsatz der professionellen Erzieher in den Kindertagesstätten soll in Zukunft aus Kostengründen gesenkt werden. Wer soll also unsere Kinder erziehen? Und wozu? Zu mehr Konsum, damit das soviel beschworene Wirtschaftswachstum blühen kann? Die Gefahr besteht, dass in Zukunft die Erziehung verstärkt von der Werbung und dem Fernsehen übernommen werden wird. Die Welthandelsorganisation oder der EU-Dienstleistungs-richtlinienvorschlag bewirken eine Realitätsverzerrung die dazu führt, dass alles zur Ware degradiert wird. Dabei wird die Erziehung zu immer mehr und neuem Konsum und zu einer unnatürlichen Wachstumsideologie auch noch unterstützt von unserem fehlerhaften Geldsystem.

Unser Geldsystem

Bei der Bildung und der Demokratie müssen die Menschen im Mittelpunkt stehen, aber wird nicht gerade dies durch unser Geldsystem bedroht? Das bestehende Geldsystem ist kein unveränderbares System, kein „Naturzwang", sondern ein von Menschen gemachtes und eingeführtes System, das jeder Zeit von ihnen verändert werden kann. Die Fehler in diesem System, die wir heute deutlich erkennen können, haben weitreichende Auswirkungen auf den ökologischen und den sozialen Bereich, und sind mitverantwortlich für die leeren Kassen, und vor allem auch für die hohe Arbeitslosigkeit. Dieses einseitig profitorientierte System treibt das gesamte Wirtschaftsleben, auch durch die exponentielle Wachstumsproblematik im Zinsbereich, in den auf Dauer tödlichen Wachstumszwang. Und dabei sind die Märkte bereits jetzt übersättigt.

Wer weiß schon, dass im Durchschnitt über ein Drittel aller Preise aus Zinsen- und Zinseszinsrückzahlungsverpflichtungen der an der Entstehung der Konsumgüter Beteiligten besteht? Dieser Umstand macht die Reichen immer reicher und gleichzeitig die Armen immer ärmer! Wer weiß schon, dass weit über 90% des Geldflusses mit wirtschaftlicher Produktion und Dienstleistungen, die ja den Geldwert erst ausmachen, nichts mehr zu tun hat und rein spekulativer Natur ist? Wer sagt uns, dass die Überverschuldung der Staaten, allen voran der USA, in einem Maße zunimmt, dass das globale Finanzsystem ein schleichender Vulkan ist, der jederzeit einen Crash produzieren kann ... auch bei uns! Wer bedenkt schon etwa zum Beispiel Folgendes: Ein Arbeiter schließt eine Privatrentenversicherung ab. Das eingezahlte Geld wird natürlich in der Weltwirtschaft investiert. Zur Zeit ist die Chance am größten, dass dies in Asien der Fall ist. Dort entstehen so neue Arbeitsplätze, hier werden welche abgebaut, vielleicht auch der desjenigen, der die private Zusatzrentenversicherung abgeschlossen hat!

Wollen wir eine gerechtere und friedlichere Welt, so sollten wir dem Umbau des globalen Finanz- und Geldsystems auf der internationalen Agenda eine absolute Priorität geben. Wenn man allerdings die Egoismen etwa bei den Verhandlungen zum EU-Budget bis 2013 ansieht, stimmt das wenig optimistisch: Dies sollte jedoch niemanden davon abhalten, **an einer zeitgemäßen Gestaltung unserer gemeinsamen Zukunft**, nicht nur hierzulande oder in der EU, sondern der aller Menschen dieser Welt, **mitzudenken und mit all seinen Fähigkeiten mitzuwirken!**

„Wir müssen von dem Versuch ablassen, unsere Probleme dadurch zu lösen, dass wir Machtverhältnisse bloß verschieben oder versuchen, leistungsfähigere bürokratische Apparate zu schaffen. ... Schließen wir uns freudig zusammen, um unsere Bewusstheit zu feiern, dass wir unserem heutigen Leben die Gestaltung der morgigen Zukunft geben können." (Ivan Illich, Aufruf zur Feier, 1979)

Statt Vollbeschäftigungsillusion ein Recht auf Einkommen?

im Inter-Actions Newsletter, November 2006

Das Online-Lexikon Wikipedia definiert das bedingungslose Grundeinkommen wie folgt: „Das so genannte ***bedingungslose Grundeinkommen (BGE)*** bezeichnet ein aktuelles gesellschaftliches, wirtschaftliches Modell, nach dem jeder Bürger eines Landes einen gesetzlichen Anspruch auf eine bedingungslose finanzielle Grundversorgung durch den Staat haben kann. ... Dazu zählen auch bestimmte Formen von Konzepten wie dem Bürgergeld oder der negativen Einkommensteuer. ... Es soll ein steuerfinanziertes Basiseinkommen für alle Menschen sein. Es soll in Existenz und Teilhabe sichernder Höhe ohne eine sozialadministrative Bedürftigkeitsprüfung (Einkommen/Vermögen) und ohne eine Arbeits-/Tätigkeitsverpflichtung individuell ausgezahlt werden. Man kann weiterhin frei soviel dazu verdienen, wie man für anstrebenswert hält und auf dem Markt aushandelbar ist.

Das Grundeinkommen unterscheidet sich von der Grundsicherung

Das Grundeinkommen unterscheidet sich damit von einer Grundsicherung, die mit einer Bedürftigkeitsprüfung und in der Regel mit einer Arbeitsverpflichtung bzw. einer abverlangten Arbeitsbereitschaft verbunden ist."

In Luxemburg gibt es eine Grundsicherung in Form des « revenu minimum garanti (RMG) ».

Ein bedingungsloses Grundeinkommen erhält jeder großjährige Bürger ohne Wenn und Aber, so wie jedes Kind Kindergeld erhält. Der Unterschied zum Kindergeld ist nur, dass das BGE für jeden gleich ist. Das BGE sollte sich an der Armutsgrenze des Landes (60% des Medianeinkommens) orientieren. Der Anspruch auf das BGE ist ein individueller, also ein von der Lebensgemeinschaft und der Anzahl der Mitbewohner unabhängiger Anspruch. Ein hoher bürokratischer Aufwand, ins Privatleben eingreifende Kontrollen und „Zwangsarbeit" entfallen.

Ist ein Grundeinkommen bezahlbar?

Die meisten Bürger erhalten bereits jetzt Geld vom Staat ohne dafür zu arbeiten, sei es in Form von sozialen Transfers oder in Form von Steuerbegünstigungen oder Abschreibungen aller Art. Die sozialen Transfers machen etwa in Deutschland eine Summe von über 700 Milliarden Euro aus (ohne die Verwaltungskosten von über 100 Milliarden Euro). Die Bezahlbarkeit eines generalisierten BGE wurde schon mehrfach nachgewiesen. Das Modell, das an der Universität in Ulm ausgearbeitet wurde, belastet alle Bruttoeinkommen mit einem festen linearen Abgabesatz. Eine andere Finanzierungsmöglichkeit, die zur Zeit in Deutschland diskutiert wird, basiert auf der Erhöhung der Konsumsteuern (Initiative „Unternimm die Zukunft").

Ende der Vollbeschäftigung

Braucht man bei Vollbeschäftigung (bezahlte Arbeit) noch ein BGE? Hat der Staatsminister recht, wenn er am 2. Mai 2006 in seiner Rede zur Lage der Nation fordert: „Wir brauchen wieder eine regelrechte Vollbeschäftigungsmentalität"? Wird es aber außer in den Reden der Politiker in nächster Zukunft wieder Vollbeschäftigung geben?

Die Zeit der Vollbeschäftigung war geschichtlich gesehen eine vergleichsweise kurze Zeit und die Zukunft verlangt nach völlig neuen Arbeitsmodellen. Diese werden mehr Dynamik und kreative Formen der Flexibilität erfordern, ein Recht auf Grundeinkommen kann ein Teil davon sein.

Man meint, dass in unserem Kulturkreis die soziale Integration zurzeit vorrangig mittels einer bezahlten Arbeit, als Selbständiger oder als Angestellter und dem daraus resultierenden Einkommen zustande kommt. Darüber hinaus braucht die Politik „mehr Beschäftigung", weil die Beschäftigten Beitragszahler sind, Nicht-Beschäftigte dagegen Leistungsempfänger. Hieraus resultiert die politische Betonung der Bekämpfung der Arbeitslosigkeit und der Wiederherstellung der Vollbeschäftigung. Aber laut „Spiegel Online" vom 26.04.2006 bestritten 2004 in Deutschland nur noch 39%, also eine Minderheit, ihren Lebensunterhalt durch bezahlte Arbeit. Die Soziallasten, die auf deren Schultern lasten, werden immer unerträglicher. Eine deutlich gewachsene Zahl von Bürgern ist dagegen auf Rente, Arbeitslosengeld oder andere sozialen Transferleistungen bzw. die Hilfe von Angehörigen angewiesen.

Auch in Luxemburg stellt man z.B. trotz Wirtschaftwachstum von über 4% eine unaufhaltsame Zunahme der Arbeitslosenrate fest.

Durch Produktivitätssteigerungen und ein noch nicht ausgeschöpftes Rationalisierungspotential gibt es immer weniger, vor allem unqualifizierte, Arbeit. Zusätzlich kennt unser tendenziell neoliberales Wirtschaftssystem, in dem eine Minorität auf Kosten der arbeitenden Mehrheit und der Umwelt immer reicher wird, keine Standortloyalität. Wenn richtig vorbereitet und begleitet, kann das BGE einen gewaltigen gesellschaftlichen Gewinn darstellen ohne die Finanzierung der Sozialversicherungen zu gefährden. Die Konsequenz ist schlussendlich die ***Entkopplung von Arbeit und Einkommen.***

Personal- und kostenintensive Kontrollmechanismen werden überflüssig

Die Schätze der Erde, wie auch das kumulative, von den vorherigen Generationen geschaffene Kapital sollte eigentlich niemand prioritär und exklusiv gehören . Um ein menschenwürdiges Leben für alle zu garantieren, sollte jedem ein garantiertes Basiseinkommen ohne Vorbedingungen zustehen. Dieses würde man erhalten, weil man lebt - nicht um zu überleben. Es müsste die Grundbedürfnisse nach Ernährung, Bekleidung, Wohnung, Kranken- und Pflegeversicherung abdecken. Dies würde die minimale notwendige Basis für die Ausübung einer freien individuellen Entfaltung bedeuten. Teilhabe am gesellschaftlichen Reichtum und am gesellschaftlichen Leben wäre somit gewährleistet und könnte nicht von den Schwankungen des Arbeitsmarktes abhängig gemacht werden.

All diejenigen, die im Moment nicht bezahlten Tätigkeiten nachgehen wie Hausarbeit, Kindererziehung, Altenversorgung, Krankenpflege, Aus- und Weiterbildung, ehrenamtliche Verrichtungen, künstlerische Betätigungen würden vom BGE profitieren. Ungenützte Fähigkeiten könnten sich entfalten. Dieses Arbeitspotential ist vor allem wichtig in Bereichen, wo es einen großen Nachholbedarf, wegen (angeblichen) Mangels an Geld, gibt.

Darüber hinaus würde ein gesichertes Grundeinkommen umfangreiche personal- und kostenintensive Kontrollmechanismen (Verwaltungskosten), wie sie zurzeit bestehen, zu einem erheblichen Teil reduzieren. Auch die Folgekosten der Probleme der von Existenzängsten Betroffenen (Medikamente, Alkohol, Steuerausfall ...) wären deutlich geringer. Mehr Menschen kämen in den Genuss von Arbeit als Sinnstifter und als Möglichkeit zur persönlichen Anerkennung.

Grundeinkommen als Basis für Leistung

Ein Basiseinkommen ist sicher keine Hilfe zum Faulenzen, aber eine Basis zum Leisten, nach individuellem Bedürfnis. Wer mehr Leistung erbringt, soll weiterhin dementsprechend belohnt werden, wie das ja auch jetzt der Fall ist. Das BGE erlaubt dem Einzelnen gewisse wirtschaftliche Risiken einzugehen, ohne damit seine Existenz zu gefährden. Es fördert die ökonomische Initiative und die soziale Kreativität.

Vom RMG (Grundsicherung) zum BGE

In einer Übergangsphase sind sicher auch Zwischenstufen zwischen Grundsicherung und bedingungslosem Grundeinkommen denkbar. Es soll aber hier nochmals hervorgestrichen werden, dass eine Ergänzung jedes Grundeinkommens für die Mehrheit der Menschen durch bezahlte Arbeit die Regel sein wird, weil sich kaum einer mit einem Minimalkonsum begnügen dürfte.

Fazit: das BGE, in einer Gesellschaft, in der nicht mehr jeder oder jede Zugang zu einer existenzsichernden Arbeit hat, stellt ein ergänzendes Instrument zu einer theoretisch unbegrenzten finanziellen Entlohnung für den Einsatz der eigenen Fähigkeiten in einer Wirtschaft im Dienste der Menschen dar. Das ist eine Wirtschaft, die der **solidarischen Bedürfnisbefriedigung** dient. Dazu fördert das BGE die **freie individuelle Selbstbestimmung** sowie ein **gleiches Recht** auf Absicherung für alle.

Recht auf Einkommen statt Recht auf Arbeit!

in Queesch 17, Mai 2007
**und etwas veränderte Version (Titel: Rückt das bedingungslose Grundein-
kommen näher?) im Tageblatt am 10.11.2007, Seite 24 und im Journal**

Was nützt uns ein Recht auf Arbeit, wenn es für viele Menschen keine mehr
gibt? Und wenn es welche gibt, ist sie noch menschengerecht? Können wir
dabei unsere Potentiale entfalten oder ist es so wie schon damals Albert Einstein
meinte, dass „ein Recht auf Arbeit" ein „Recht auf Zuchthaus" sei.

Das bedingungslose Grundeinkommen für alle

Wir leben nicht mehr in einem Zeitalter von Selbstversorgung, sondern in einem
Zeitalter der globalisierten Wirtschaft, wo fast alle Menschen für die Anderen
arbeiten. Wir erschaffen gemeinsam, auf Grund der kostenlosen Schätze dieser
Erde und der Arbeit der Menschen, einen Reichtum, der Dank der Innovationen,
der Automatisierung und der Produktivität ständig zunimmt. Allerdings denken
wir aber noch wie in alten Zeiten. Der zeitgemäße Bewusstseinssprung lässt bei
der Mehrheit auf sich warten. Es ist an der Zeit, Arbeit und Einkommen zu tren-
nen! Ein erster Schritt dazu ist das bedingungslose Grundeinkommen, das
folgende Merkmale aufweist (Definitionen zum Vergleich: www.wikipedia.de
siehe Grundeinkommen, Bürgergeld, Negative Einkommenssteuer und
Grundsicherung):

- Der Bezug ist ein Bürgerrecht
- Es gibt keine Bedürfnisprüfung
- Das Recht steht jedem individuell zu
- Es gibt weder Verpflichtung noch Zwang zur Arbeit, auch kein
  verdeckter, in dem das Grundeinkommen nämlich zu tief angesetzt
  wird, etwa unterhalb der europäischen Armutsgrenze. Dieses könnte
  z.B. an einem gewissen Prozentsatz des Bruttoinlandproduktes
  festgemacht werden. Wächst der Reichtum, profitieren alle davon und
  die Verteilungsschere nimmt nicht dauernd zu (Bürgergeldsideen aus
  liberalen Kreisen halten diesem Punkt nicht stand, fordern dazu eine
  Bedürfnisprüfung, es steht also nicht jedem zu und fördert meistens
  nur den Sozialabbau)

Vier Märchen

I. Vollbeschäftigung

Die Produktivität steigt ständig (heute mindestens die achtfache Produktivität gegenüber den Nachkriegsjahren). Immer weniger, vor allem wenig qualifizierte, Arbeitsplätze werden benötigt. Milton Friedman geht davon aus, dass Dank des Fortschrittes bald nur mehr 20% der Menschen Arbeit haben werden. Der ehemalige SPD-Bundesgeschäftsführer Peter Glotz sprach schon in den 80er Jahren von einer Zwei-Drittel-Gesellschaft, in der der Einsatz immer weniger Menschen für die Produktivitätsgewinne der modernen Gesellschaft nötig seien und er nannte das Gerede über Vollbeschäftigung „sinnloses Geschwätz". Götz Werner (www.unternimm-die-zukunft.de), der die Diskussion über das bedingungslose Grundeinkommen in Deutschland so richtig ins Rollen brachte, meint, Vollbeschäftigung sei ein Mythos, eine Lüge. Aufgeschlossene Vordenker der Wirtschaft und der Politik sind sich also in diesem Punkte einig. 1993 fanden Lothar Späth und der frühere McKinsey-Manager Herbert A. Henzler heraus, dass eine Arbeitslosigkeit von fast 40% normal wäre, wenn man das technisch machbare Automationspotential ausschöpfen würde. Vollbeschäftigung ist geschichtlich ein Ausnahmezustand. Die goldenen sechziger und siebziger Jahre des vorigen Jahrhunderts waren auch eine Folge von 60 Millionen Toten im zweiten Weltkrieg!

Statt einem Umdenken, werden die Bürger weiter konstant mit dem Thema Arbeitslosigkeit in Angst und Schrecken versetzt. Wem nützt das? Etwa den Arbeitgebern (die eigentlich Arbeit nehmen!), die einstellen und entlassen können und somit Macht über das Leben anderer Menschen haben oder der Macht der Politiker, die diese Prozesse regeln? Warum stellen sich die meisten Parteien so gegen den augenscheinlichen Trend der Zeit? Die Politik ist bekannt dafür, Probleme der Zukunft oft mit Problemlösungen der Vergangenheit anzugehen. Eine Ausnahme scheint der thüringische Ministerpräsident Dieter Althaus zu sein. Er fordert ein bedingungsloses, solidarisches Bürgergeld für jeden deutschen Staatsbürger. Die Grundsatzkommission der CDU hat sich am 23. Oktober 2006 positiv zu diesem Konzept positioniert. Ohne jetzt auf diesen Vorschlag im Detail eingehen zu können, ist es doch zumindest ein erster Ansatz, der allerdings nur ein Anfang sein kann.

II. Wer nicht arbeitet, ist faul!

Wenn man sich mit Leuten unterhält, sagt jeder, er würde einer sinnvollen Beschäftigung nachkommen, wenn er ein bedingungsloses Grundeinkommen erhalten würde. Aber jeder glaubt scheinbar, die anderen wären die Faulen! Würden die, die weiter arbeiten würden, um ihr Einkommen zu vergrößern, sowie diejenigen, die in momentan größtenteils nicht bezahlten Bereichen wie Kindererziehung, Pflege oder sozio-kulturellen Tätigkeiten, nicht die Mehrheit ausmachen? Das Bildungswesen und die Sozialarbeit könnten statt einer undifferenzierten Wissensvermittlung bzw. Sozialkontrollen, diejenigen unterstützen, die Schwierigkeiten hätten, einer sinnvollen Tätigkeit nachzukommen. Die wenigen Prozent, die übrig blieben und gar nichts tun, sind diejenigen, die in jedem System mitgetragen werden und wären wohl kaum ein Anlass, die Anderen von ihren Tätigkeiten abzuhalten.

Und übrigens, wenn das Motto gilt „wer nicht arbeitet, soll auch nicht essen", dann wird heutzutage die Mehrheit verhungern, denn laut „Spiegel Online" vom 26.04.2006 bestritten 2004 in Deutschland nur noch 39%, also eine Minderheit, ihren Lebensunterhalt durch bezahlte Arbeit.

III. Es gibt einen Mangel an Geld

Müssen der Gürtel immer enger geschnallt und immer schlechtere Arbeitsplätze in Kauf genommen werden, weil das Geld knapp ist? Nein, es gab noch zu keinem Zeitpunkt so viel Geld auf der Welt wie heutzutage. Das Zentralthema ist jedoch nicht die Menge, sondern die Verteilung des gemeinsam erwirtschafteten Geldes. Wobei man ja auch wissen muss, dass über 95 % der Geldströme mit der konventionellen Wirtschaft, also Produkten und Dienstleistungen gar nichts zu tun haben, sondern dass es dabei um reine Spekulation und um Profite auf Kosten anderer geht.

Wie ist ein bedingungsloses Grundeinkommen zu finanzieren?
- Die bestehenden sozialen Transferleistungen machen bereits eine beträchtliche Summe aus (720 Milliarden € in Deutschland)
- Durch die Vereinfachung können Bürokratiekosten eingespart werden, da jeder das gleiche Grundeinkommen erhält
- Besserverdiener erhalten bereits jetzt indirekt Geld, das Minderbemittelte nicht erhalten, z.B. in Form von Steuervergünstigungen. Ein Grundeinkommen könnte diese einfach ersetzen
- Für Kinder könnten geringere Beträge genügen
- Steuerreform: Es sollte nur noch eine Steuerart geben: die Verbrauchssteuer. Warum? Alle Steuern und Abgaben an den Staat und an die Mitarbeiter werden sowieso in den Endpreisen verrechnet (der verborgene Teil für Steuern und Sozialtransfers betrug in Deutschland im Jahr 2004 47,5%). Das klingt unsozial! Aber je nach Artikel könnte in Zukunft diese Steuer von minimal (auf lebensnotwendigen Gütern) bis zu extrem hoch (Luxusgüter) gestaffelt werden. Und auch wenn die Wohlhabenden nur einen geringen Anteil ihres Einkommens direkt

verkonsumieren, so werden sie es später tun. Wobei es wichtig ist, dass jede gekaufte Aktie und jeder spekulative Geldtransfer der Steuer unterliegen muss (vgl. Tobinsteuer). Ein Zusatzsozialgeld für Minderbemittelte wäre auch nicht undenkbar. Warum es keinen Grund gibt, bei der vorgeschlagenen Steuerreform, die Preise zu erhöhen, kann hier nicht weiter erörtert werden.
(siehe: http://www.mtk.lu/grundeinkommen1.pdf)

IV. Wirtschaft muss wachsen

Die Ursprungsaufgabe der Wirtschaft ist die Versorgung der Menschen mit Gütern und Dienstleistungen. Jeder Mensch ist bedürftig, jeder Mensch ist auch ein Konsument. Wieso muss die Wirtschaft dauernd wachsen und vor allem auf Kosten der Umwelt und der dritten Welt? Weil die Zinsen mit Zinseszinsen im Durchschnitt 30-40% der Preise ausmachen und eine exponentielle Wachstumskurve aufweisen. Einen Menschen, der aber exponentiell konsumiert, wird es selten geben. Die kapitalistische Geldwirtschaft, die durch Spekulationen und Zuführung von immer höheren Gewinnen an „shareholders", die Verteilungsschere immer mehr ansteigen lässt, ist die Ursache für den Wachstumszwang. Wenn man den knapp 50% Steuern und Abgaben die 30-40% Zinsen hinzurechnet, weiß man, wie viel finanziell für das Rohmaterial und die Arbeit übrig bleibt. Bei Behebung dieser Tatsache wären die Preise also niedriger oder man müsste viel weniger Lohnarbeit verrichten und hätte mehr Zeit für frei gewählte sinnvolle Tätigkeiten. Der Gewinn an freier Zeit kann, wenn richtig vorbereitet und begleitet, einen gewaltigen kulturellen Gewinn darstellen.

Die Situation in Luxemburg

I. Die Hindernisse

Die Idee alter Tradition „Wer nicht arbeiten will, soll auch nicht essen" oder die Illusion der Vollbeschäftigung, die oben erörtert wurde, haben auch in Luxemburg noch Hochkonjunktur. „Mehr als 50 Prozent sind [im Großherzogtum Luxemburg] der Meinung, dass Arbeit eine Pflicht ist, dass Geld zu erhalten, ohne zu arbeiten demütigend ist und dass Arbeitslosigkeit mit Faulheit gleichzusetzen ist" (Eine zweite Chance geben, jobsearch, Seite 1, Luxemburger Wort vom 17.6.06)

Laut einer Eurobarometer-Studie aus dem Jahr 2003 sind 62 Prozent der Befragten der Ansicht, dass man egal welche Arbeit annehmen müsste, wenn man arbeitslos ist!

Für Luxemburg machte die OECD im Juli 2006 folgende Vorschläge: „ Auch die Entschädigung, die Arbeitslose beanspruchen können, ist dem OECD-Bericht zufolge zu hoch. Die Behörden sollten deshalb in Erwägung ziehen, das Arbeitslosengeld drei Monate nach dem Arbeitsplatzverlust zu senken. Bezieher des garantierten Mindesteinkommens, deren Lebenspartner einer geregelten Beschäftigung nachgehen, sollten nach Überzeugung der Wirtschaftsexperten mit einem stärkeren Rückgang ihrer Bezüge rechnen müssen" (Härtere Zeiten für Arbeitslose, Luxemburger Wort vom 6.7.2006)

Der „Projet de loi relatif à la lutte contre le chômage social (incompressible)" institutionalisiert neben dem RMG/ATI-System (revenu minimum garanti/ affectations temporaires indemnisées) und demjenigen für „travailleurs handicapés", ein System definitiver Strukturen mit einer Basisphilosophie, die vergleichbar ist mit derjenigen der geschützten Werkstätten (laut „exposé des motifs"). Kreative Verhaltensweisen und Selbstverantwortung mit oder ohne Hilfe werden so nicht sonderlich gefördert. (Projet de loi 5144 - A10)

II. Die Hoffnungen und Zukunftsorientierungen

In Luxemburg hat der Wirtschafts- und Sozialrat 2006 zum wiederholten Male die Einführung eines Systems von Negativsteuern in Luxemburg vorgeschlagen.

Die luxemburgische Presse zeigte sich dem Thema „bedingungsloses Grundeinkommen" gegenüber recht aufgeschlossen, indem sie es in Artikeln und Leserbriefen aufgriff (www.mtk.lu/bedingungslosesgrundeinkommen.html). Auch in luxemburgischen Internetforen zeigt sich ein reges Interesse. In der Frankfurter Rundschau vom 20.11. 2006 meinte Jean-Claude Juncker auf die Frage, welche Mindeststandards er in der EU für unerlässlich halte: „Ein Grundeinkommen. Das heißt: Jeder, der in einem EU-Mitgliedsland wohnt, hat Anspruch auf ein Mindesteinkommen."

III. Vom RMG zum bedingungslosen Grundeinkommen

Da in Luxemburg das RMG schon besteht, es aber kein bedingungsloses Grundeinkommen darstellt, stellt sich die Frage, was die ersten praktischen Minimalschritte in diese Richtung in Luxemburg sein könnten.

Zunächst einmal sollten die ATI-Empfänger, also die arbeitsfähigen RMG-Bezieher ihren Arbeitsplatz, anhand einiger Kriterien, selbst bestimmen können. Schließt man sich einem bestehenden Unternehmen an, in einem Bereich, zu dem man sich hingezogen fühlt, etwa im soziokulturellen oder ökologischen Umfeld, in dem man vielleicht einige Vorkenntnisse hat, erhöht dies die Motivation und die regelmäßige Präsenz. Können, Präsenz und Motivation sind die Eckpfeiler jeder beruflichen Integration. Anstatt das Geld direkt vom Staat zu beziehen, würde man es vom neuen „Arbeitgeber" erhalten, (der es seinerseits vom Staat erhält), der dadurch gestärkt würde und der Betroffene wäre ein voll integriertes Mitglied des Arbeitsteams und nicht nur ein „Geliehener" (dies geschieht auch bei der Anwendung des dritten Absatzes des §13 des RMG-Gesetzes). Sicher brauchen einige eine Hilfestellung bei der Wahl des Arbeitsplatzes, der Einschätzung ihrer Fähigkeiten, eine Übergangshilfe oder psycho-soziale Begleitung. Freiberufliche Aktivitäten sollten natürlich auch möglich sein. Bürokratische und finanzielle Erleichterungen bei kleineren Firmengründungen wären ebenfalls wünschenswert. Ein Schulsystem, das Autonomie, Selbstverwirklichung und Potentialentwicklung fördert, statt vor allem Wissensvermittlung, sowie lebenslange Weiterbildungsmöglichkeiten müssten diese Prozesse unterstützen.

Zweitens müsste die Grundsicherung ein individuelles Recht sein, ohne Rücksicht auf Zusammensetzung der Wohngemeinschaft. Das Prinzip der Kontrolle der Zusammensetzung der „communauté domestique" ist nicht nur ein Eingriff in die Privatsphäre, sondern wird auch den heute üblichen wechselnden Formen des Zusammenlebens nicht mehr gerecht und fordert unnötigen bürokratischen Aufwand.

Fazit

Besser als Minimalschritte zu gehen, sollte das wohlhabende Luxemburg in Europa eine Vorreiterrolle in Punkto bedingungsloses Grundeinkommen einnehmen, ohne Wenn und Aber!

Die Wirtschaft sollte sich auf ihre Ursprungsaufgabe besinnen, um die Menschen mit Gütern und Dienstleistungen zu versorgen, indem sie möglichst wenig menschliche Zeit in Anspruch nimmt und möglichst wenig natürliche Ressourcen. Die Konsequenz ist die Entkopplung von Arbeit und Einkommen („Befreiung aus dem Zuchthaus"). Nicht weniger verlangt eine menschenwürdige Zukunft auf der Höhe der Zeit .

Literatur:
Kai Ehlers: Grundeinkommen für Alle. Sprungbrett in eine integrierte Gesellschaft. Pforte Verlag, Dornach 2006, ISBN 978-3-85636-191-4.
Werner Rätz, Dagmar Paternoga, Werner Steinbach: Grundeinkommen bedingungslos. Attac BasisTexte 17, Hamburg 2005, ISBN 3-89965-141-3.
Yannick Vanderborght, Philippe Van Parijs: Ein Grundeinkommen für alle? Geschichte und Zukunft eines radikalen Vorschlags. Campus Verlag, Frankfurt 2005, ISBN 3-593-37889-2.
Götz Werner (Hrsg.): Ein Grund für die Zukunft - Das Grundeinkommen. Interviews und Reaktionen. Stuttgart 2006, ISBN 3-7725-1789-7.

Soziale Maßnahmen: „neblig bis trüb"

in Newsletter Inter-Actions (Ausgabe 11 - April 2008 - Seite 6)

Am 24. Januar 2008 erschien im Tagblatt ein Beitrag von Robert Marie im Forum (Seite 22) mit dem Titel „AUFSTIEG NACH UNTEN". Da die dort erwähnten Maßnahmen viele der Menschen betreffen, die von Inter-Actions unterstützt werden, sollen die in besagtem Artikel getätigten Äußerungen hier etwas genauer angeschaut werden.

AUFSTIEG NACH UNTEN

Mein Name ist Rob und ich war lange Zeit arbeitslos. Ich hatte eine schwierige Kindheit, habe die Schule ohne Abschluss beendet und lebe zur Zeit alleine. Ich habe kürzlich endlich eine Arbeit auf dem ersten Arbeitsmarkt gefunden. Mein Arbeitgeber sagte mir am Anfang er würde mir einen CIE-Vertrag anbieten, da das für ihn günstiger sein, danach könnte er mich ja fest einstellen, wenn ich gut arbeiten würde. Obschon er mir immer wieder letzteres bestätigte, hat er aber vor kurzem verlauten lassen, dass es im Moment nicht so laufe mit der Firma wie er sich das wünsche und ich sollte mich lieber, für die Zeit nach dem Ende des neunmonatigen Kontraktes, woanders umschauen. Dann besteht das Risiko, dass alles wieder von vorne anfängt. Arbeitsamtswirrwarr, Wohnungsprobleme, Schulden, „Saisies" usw. bei einem Einkommen von 80% von 80% des Mindestlohnes also etwa 60% des Mindestlohnes und dabei hatte ich gedacht, ich hätte es endlich geschafft. Aber wenn ich mich mit meinen Freunden vergleiche, glaube ich, ich bin einfach zu blöd. Ich arbeite, wie gesagt zur Zufriedenheit meines Chefs, 40 Stunden die Woche, erhalte dafür allerdings nur 80% des Mindestlohnes also 1256,22€. Ich arbeite als normaler Arbeitsnehmer und liege trotzdem unter der luxemburgischen Armutsgrenze von 1484€. Mein Sozialarbeiter sagte mir, ich müsste halt ein „complément-RMG" beantragen, also bin ich trotz allem noch immer ein Sozialfall.

Mein Freund der Mett hat einen anderen Kontrakt bei einem sozialen Arbeitgeber. Sein Kontrakt heißt CAE, er muss nur 32 Stunden arbeiten mit dem gleichen Lohn wie meinem. Die von ihm geforderte Leistung ist aber in keiner Weise vergleichbar mit derjenigen die meine Firma von mir verlangt. Wenn er vorstellig werden will bei einem Arbeitgeber, kriegt er frei, ich muss einen Urlaubstag dafür opfern. Da freut man sich einen Job auf dem normalen

Arbeitsmarkt zu haben und ist schlechter dran als wenn man in einer Beschäftigungsmaßnahme ist. Das verstehe ich nicht.

Ein anderer Kollege der Jemp der arbeitet in der gleichen Firma wie ich. Er hat aber keinen CIE-Vertrag, sondern einen so genannten „13.3-Vertrag", vorher hatte er als RMG-Empfänger einen ATI-Vertrag Er verdient den Mindestlohn, also 20% mehr wie ich und macht die gleiche Arbeit. Er kann dazu noch länger bleiben wie ich, nämlich zwei Jahre. Wir teilen nur beide das Los am Ende wahrscheinlich nicht fest eingestellt zu werden. Mein Arbeitgeber sagte uns, wir wären dann für ihn zu teuer. Bei meinen CIE-Kontrakt werden nämlich 50% der Lohnkosten und die von ihm zu zahlenden Soziallasten vom Arbeitsministerium bezahlt, und sämtliche Kosten des 13.3 Vertrages von Jemp werden vom FNS übernommen. Der Jemp sagte sein Aufstieg vom ATI zum 13.3 wäre auch für ihn ein finanzieller Abstieg gewesen. Vorher war der Lohn von 1570,28€ immer gleich bleibend. Jetzt wird das anders verrechnet und je nach Monat kann es auch mal weniger sein. Dazu erhält er jetzt die paar Euros Mietzuschuss nicht mehr. Eine „somme indûment touchée" hält man ihm auch noch vom FNS ab, was aber nicht durch sein Zutun zustande kam, sondern bürokratische Ursachen hat. Er versteht auch nicht, dass man ihm sagte der 13.3 wäre ein ganz normales Arbeitsverhältnis, er fällt aber nicht unter den Kollektivvertrag unserer Firma und erhält keinen 13. Monat. Er dachte immer ein Kollektiv-vertrag würde für alle Angestellte einer Firma gelten. Er hat seinen Sozial-arbeiter darauf angesprochen und der sagte, das wäre so eine Grauzone und der Staat würde es darauf ankommen lassen, dass ein Betroffener dies gerichtlich klären lässt. Was die sich wohl denken bei seinem bescheidenen Lohn, dabei kann er keine kostenlose juristische Hilfe mehr in Anspruch nehmen.

Dann gibt es da noch meinen Freund den Nëckel. Der ist einfacher RMG-Empfänger. Er hat etwas Rückenschmerzen vom vielen Sitzen beim stunden-langen Fischen. Der erhält schon Anfangs des Monats sein Geld. Dazu erhält er noch 123,95€ Wohnungsbeihilfe. Er kann freie juristische Hilfe beantragen, er erhält noch ein gratis Abo für den öffentlichen Transport von 45€ und braucht keine „Saisie" zu befürchten. Damit hat er schon mehr wie ich. Für Aufbesserungen durch Schwarzarbeit hat er natürlich mehr Zeit und Kraft wie ich nach meiner Arbeit. Aber ehrlich gesagt, der Nëckel und meine anderen Freunde hätten trotz allem liebend gerne einen normalen Arbeitsplatz auf dem ersten Arbeitsmarkt. Faulenzer sind sie sicher ebenso wenig wie die große Mehrheit der Arbeitslosen.

Also mein Fazit ist: ich wollte es endlich geschafft haben, mein bestmögliches auf der Arbeit geben und normal dazu gehören. Aber ich glaube es ist nicht das was die öffentliche Hand mit Menschen wie mir, die halt in der Jugend weniger

Die Aussagen was die CIE-Kontrakte angehen stimmen und sind auf den Webseiten der ADEM nachzulesen unter:
http://www.adem.public.lu/employeur/engagerjeune/cie.html
www.adem.public.lu/forms/employeurs/jeunes/Specimen_contrat_CIE.pdf

Die telefonische Nachfrage bei der ADEM bestätigte dies. Es wurde lediglich bemerkt, dass was den „Urlaubstag" angehe, der Arbeitgeber den Arbeiter ja eigentlich fest einstellen sollte, was ja aber bei Herr Marie nicht der Fall zu sein scheint. Weiters wurde erwähnt, dass ein CIE-Kontrakt ja ebenfalls eine Beschäftigungsmaßnahme sei, aber Herr Marie meint ja wohl eine Beschäftigungsmaßnahme außerhalb des ersten Arbeitsmarktes.

Was die Maßnahmen des „Fonds National de Solidarité" (FNS) anbelangt, wurde uns mitgeteilt, dass es einer staatlichen Dienststelle nicht zustehe einen Kommentar abzugeben, was die Richtigkeit der Aussagen von Herr Marie betrifft. Antwort erhielten wir bei einem regionalen „Service Régional d'Assistance Sociale" (SRAS). Dort wurde uns mitgeteilt, dass der Mietzuschuss zurzeit nicht nur für RMGempfänger erhältlich sei, aber ebenfalls für Mindestlohnempfänger, was aber bei einer Immunisierung von 30% maximal 7,78€ ausmachen würde.

Was nicht nachvollziehbar, jedoch nicht änderbar sei, ist die Tatsache, dass das Nettogehalt eines ATI-Empfängers höher sei als der eines als normalen Arbeiters der unter §13.3 eingestellt sei.

Wichtig ist noch zu bemerken, dass die oben aufgezählten Maßnahmen nicht die einzigen sind, die benachteiligte Menschen treffen können. Oft sind sie regelrecht „Umherirrende im Maßnahmennebel". Da gibt es zum Beispiel noch die Maßnahmen für die behinderten Mitmenschen, diejenigen des „service de reclassement" der ADEM oder die Prozedur für eine Invalidenrente, die auch wieder geändert werden soll. Alle diese Maßnahmen erfordern oft unzählige Behördengänge, die oft widersprüchlich sind oder inflationäre Ausmaße annehmen können. Eine transparente Koordination ist nicht sichtbar. So musste ein Mann, der von „Inter-Actions" betreut wird, folgende Berichte erstellen lassen, als klar war, dass er nach einer Krankheit seine alte Arbeit nicht wieder aufnehmen könne:

- von seinem Hausarzt
- von einem Neurologen des Centre Hospitalier
- von einem Arzt eines Spitals im Ausland
- von einem Arzt des „Service de santé multisectoriel"
- von einem Arzt der „Commission mixte" der ADEM
- von einem Kontrollarzt der Pensionskasse
- von einem Arzt des Rehabilitationszentrums in Hamm

Dazu kommen lange Wartezeiten, undurchsichtige Kommissionsentscheidungen, verlorene Dokumente und diese Tatbestände führen notgedrungen zu Zweifeln, Unverständnis, Niedergeschlagenheit oder gar Krankheit bei den Betroffenen.

Nicht zu vernachlässigen sind die psycho-sozialen Konsequenzen des Maßnahmen- und Behördendjungels die neben den im Leserbrief beschriebenen finanziellen Konsequenzen auftreten. Hier sei nochmals die Idee des bedingungslosen Grundeinkommens erwähnt, die in Newsletter 9 von Inter-Actions im November 2006 besprochen wurde und die manche Bürokratie überflüssig machen würde.

<u>**Sozial Handeln**</u>

im Luxemburger Wort am 2.1.2009 (S.14: Analyse & Meinung)

Damit das zukünftige Zusammenleben der Menschen in der Gesellschaft optimaler funktionieren kann, könnten folgende drei Grundrechte eine sinnvolle Basis seines Mitwirkens in den kulturellen, staatlich-rechtlichen und wirtschaftlichen Bereichen darstellen:

· eine multi-perspektivistische Bildung
· eine direkt-demokratische Mitbestimmung
· ein bedingungsloses Grundeinkommen

Der Mensch betritt diese Welt als ein fähiges und bedürftiges Wesen. Seine Fähigkeiten kann er aber nur für sich und seine Mitmenschen nutzen, wenn sie zu ihrem vollen Potential ausgebildet werden. Seine Ausbildung sollte also vordergründig diesem Zwecke nutzen. Dabei sind alle Wirklichkeitsdimensionen zu berücksichtigen: die inneren und äußeren Aspekte, wie auch die individuellen und kollektiven Aspekte eines jeden Phänomens erschließen die umfassende, ganzheitliche Wirklichkeit. Das ist eine wesentliche Basis einer multi-perspektivistischen Sichtweise bei der Grundausbildung des Menschen, wie auch bei der Weiterbildung zur Förderung seiner Entwicklung und seines freien Denkens.

Der ausgebildete Mensch kann seine Fähigkeiten zur Schaffung optimaler Rahmenbedingungen für das Zusammenleben nur sinnvoll einsetzen, wenn er auf der politischen Ebene auch das Recht hat direkt-demokratisch mitzubestimmen. Wenn mündige Bürger in dieser oder jener Sachfrage selbst entscheiden wollen, müssten die Informationsfreiheit und ein gleichberechtigter Zugang zu den Medien gewährleistet sein. Es kann zu einem optimalen Umfeld für eine Entscheidung kommen, wenn alle an der Frage interessierten Menschen, inklusive der Experten jeglicher Couleur, miteinander die Vor- und Nachteile der Entscheidung erwägen können. Demagogie hätte da keine Chance mehr.

Eine menschengerechte Wirtschaft hat die Befriedigung der Bedürfnisse der Menschen zum Inhalt. Auch in der globalisierten Wirtschaft, wo fast jeder für Andere arbeitet, sollten alle Menschen ihre Fähigkeiten frei assoziativ unter bestmöglichen Bedingungen einbringen können. Damit dies ohne Angst, seine Grundbedürfnisse nicht erfüllen zu können, möglich ist, sollte jedem Menschen ein bedingungsloses Grundeinkommen zustehen. Alle wirtschaftlichen Produkte und Dienstleistungen beruhen auf der Bearbeitung der Natur und dem Einsatz menschlicher Fähigkeiten, die beide bedingungslos zur Verfügung stehen. Nimmt man die Fähigkeiten der Menschen Ernst, ist das bedingungslose Grundeinkommen dazu der adäquate Kredit.

Weitere Ansätze, wie Tauschbörsen und Regiogelder (Komplementär-währungen), Geldnutzungsgebühr (Zinsproblematik) und Bodenpacht (Bodeneigentumsfrage), Maximaleinkommen und Kapitalakkumulationsgrenze, Bildungsgutscheine, Steuerfragen (Konsumsteuer als einzige Steuer, Spekulationssteuern, Steuerzuweisungsfreiheit) und Triple-Budgetierung (ökonomische, ökologische und soziale Verträglichkeit) und so manches mehr was der menschlichen Kreativität entspringen mag, können die oben genannten ergänzen.

Was die praktische individuelle Praxis angeht, hier einige persönliche Fragebeispiele. Dies betrifft sowohl die Schulung und Anwendung der individuellen Fähigkeiten (im kulturellen Bereich), der Beziehungen im privaten und im allgemeinen (im staatlichen Bereich), die Bedürfnisse im Verhältnis zu denen der Mitmenschen (im wirtschaftlichen Bereich) sowie den gesunden Umgang mit Geld.

Fragen zu den kulturellen und rechtlich-staatlichen Bereichen:

· Sorge ich mich aktiv um Bildung und Weiterbildung und um die Entwicklung meiner Fähigkeiten? Bin ich bereit, von anderen zu lernen?
· Engagiere ich mich in der Zivilgesellschaft?
· Pflege ich meine Beziehungen im Paarbereich, im freundschaftlichen und kollegialen, im familiären und nationalen, im europäischen und weltweiten sowie im universellen Bereich?
· Bevorzuge ich staatliche Lösungen oder nehme ich auch mal die Mühe von Selbstverwaltungsprojekten in Kauf?
· Unterstütze ich Bestrebungen für Direkte Demokratie oder finde ich, dass Politiker alles richten sollen, es aber nie zufriedenstellend tun?
· Bin ich politisch oder zivilgesellschaftlich aktiv? Unterschreibe ich Petitionen, auch wenn ich nicht direkt betroffen bin?
· Denk ich darüber nach, dass Arbeit und Einkommen nicht notwendigerweise zusammenhängen müssen, auch wenn es oft so dargestellt wird?
· Kann ich mir ein bedingungsloses Grundeinkommen als sinnvollen Ansatz vorstellen?

Fragen zu den wirtschaftlichen und monetären Bereichen:

· Möchte ich mein Geld ohne Leistung vermehren, etwa durch Zinsen und
Spekulationen, ohne zu bedenken, dass das was ich mehr habe, einem anderen
fehlt?
· Möchte ich auch manchmal möglichst billig kaufen, ohne mir alle
Konsequenzen klar zu machen, etwa ob alle am Produktionsprozess Beteiligten
angemessen leben können?
· Bevorzuge ich möglichst neutrales Kaufen mit Rückgabegarantie oder vertraue
ich auch Unbekannten in einem Tauschring und mache mir die Mühe, mit ihnen
in Kontakt zu treten?
· Bin ich bei einem finanziellen Überschuss bereit, einen Kredit für Fähigkeiten
zu gewähren, der mir persönlich keinen direkten Nutzen bringt, aber dem
sozialen Ganzen oder einer benachteiligten Minorität?

Den Menschen der Zukunft kann man durch drei Eigenschaften charakterisieren:
Einsicht (Bewusstsein), Mitgefühl (Empathie) und die entsprechenden
Handlungen (Alltagspraxis) . Was verlangt die Zukunft von ihm? Wenn er im
Hier und Jetzt die richtigen Fragen stellt, so erhält er aus der Zukunft die
Antworten, die es ihm ermöglichen, statt auf mehr Liebe zu hoffen, mehr Liebe
zu verschenken.

Bedingungsloses Grundeinkommen und Konsumsteuer ...

in Newsletter 13 - Inter-Actions, Mai 2009

... als Antwort auf die von Arbeitsminister angekündigte Zunahme der Arbeitslosen und vom Finanzminister angekündigte Abnahme der Steuereinnahmen?

Dass sich die Schere zwischen Arm und Reich vergrößert, dass die Wirtschaft nicht ewig wachsen kann und dass die Lohnarbeit immer weiter schrumpfen wird, lässt sich immer weniger leugnen. Trotzdem tun sich manche noch schwer mit diesen Erkenntnissen. Was ist zu tun? Damit Lösungen nachhaltig sein können, muss man zunächst die Wirtschafts- und Sozialzusammenhänge sachgemäß denken. Ein bedingungsloses Grundeinkommen (Bürgergeld) kann dabei ein nützlicher Baustein sein. Bereits heutzutage lebt die Mehrheit der Bürger von Transfereinkommen (als Familienmitglieder von Erwerbsarbeitern, als Rentner oder Sozialhilfeempfänger). Arbeit und Einkommen getrennt zu betrachten, dürfte also möglich sein. Ein bedingungsloses Grundeinkommen könnte jeder Bürger erhalten, wie zurzeit jedes Kind Kindergeld erhält. Sinnvollerweise würde es in der Höhe der EU-Armutsgrenze ausbezahlt. Wie ist dies zu begründen? Die Wirtschaft baut auf Naturschätzen und menschlichen Fähigkeiten auf, die der Menschheit zunächst kostenlos zur Verfügung stehen. Die Menschenwürde bedingt, dass alle Menschen daran Teil haben sollten. Unsere arbeitsteilige Gesellschaft fußt auf der Tatsache, dass an der Herstellung jeder Ware, direkt und indirekt unzählige Menschen beteiligt sind, und stellt somit die Frage nach der gerechten Verteilung des von den heutigen und den vorigen Generationen erwirtschafteten Reichtums.

Finanzierung des bedingungslosen Grundeinkommens

Wie aber lässt sich ein bedingungsloses Grundeinkommen realistisch finanzieren? Vor allem, wo es doch immer weniger Steuereinnahmen gibt? Eine Antwort: Konsumsteuern (ähnlich der Mehrwertssteuer). Konsumieren tun nämlich alle Menschen. Betrachten wir zunächst aus welchen Komponenten sich der Preis einer Ware vor dem Mehrwertsteuerzuschlag zusammensetzt: Lohnnebenkosten, Einkommensteuern (die auch der Arbeitgeber zahlt und die in die Preise einkalkuliert werden), sowie die gleichen Steuern, die in der Wertschöpfungskette für die Ware selbst und die Infrastrukturkosten entstehen. Fasst man alle bereits bestehenden Steuern, die sich in den Endpreisen wieder finden, wenn auch teilweise versteckt, in der einzigen Konsumsteuer zusammen, bleibt als Ergebnis der Endpreis gleich, es entsteht mehr Transparenz und manch administrative Arbeit bleibt erspart.

Ist die Konsumsteuer asozial?

Ist eine Konsumsteuer nicht asozial? Die Steuer kann gestaffelt werden, ob es sich um einen Artikel oder eine Dienstleistung zum Grundbedarf, zum gehobenen Bedarf oder um eine Luxusware handelt. Und was ist mit den Menschen, die mehr Geld haben als sie zum Konsum verbrauchen können? Finanzspekulationen, wie etwa spekulative Devisenkäufe müssten natürlich auch adäquat besteuert werden. Spekulanten können den Standort wechseln, was kurzfristig ein Verlust sein kann, aber mittel- und langfristig ein Gewinn ist, weil sie zur Realwirtschaft nichts beitragen, diese sogar gefährden wie man heute sieht.

Was sind nun die Vorteile einer Konsumsteuer? Sie ist die gerechte Steuer und bestraft nicht diejenigen die etwas für die Allgemeinheit leisten. Jeder arbeitet eigentlich für die anderen. Wer sich etwas für sich nimmt, sollte etwas zum Allgemeinwohl in Form einer Steuer beitragen. Gäbe es nur diese Steuer, würde dies Firmen anziehen statt ins Ausland zu verlagern; die Produkte aus Ländern mit prekären Löhnen wären nicht mehr im Vorteil und diejenigen, die staatliche Leistungen in Anspruch nehmen, würden auch die Steuern hierfür zu zahlen haben. Schwarzarbeit gäbe es auch nicht mehr. Was es aber vor allem geben würde, wäre die Möglichkeit, dass die Mehrheit der Menschen eine sinnvolle Arbeit für die Gemeinschaft verrichten könnten (also nicht arbeitslos wären) ohne sich um ein Einkommen für das Lebensnotwendige sorgen zu müssen (dank des bedingungslosen Grundeinkommens).

Fric-Changes

In Queesch 20, September 2009

Damit das zukünftige Zusammenleben der Menschen in der Gesellschaft optimaler für alle funktionieren kann, würde ich mir als ersten Schitt ein bedingungloses Grundeinkommen (www.mtk.lu/bge.html) für alle Menschen wünschen, damit er freier wird, seine persönliche Zukunft zu gestalten. Darüber hinaus sind zum Beispiel folgende finanziellen Ansätze bedenkenswert:

· Tauschbörsen und Regiogelder (Komplementärwährungen)
· Geldnutzungsgebühr (Zinsproblematik)
· Bodenpacht (Bodeneigentumsfrage)
· Maximaleinkommen und Kapitalakkumulationsgrenze
· Bildungsgutscheine
· Steuerfragen (Konsumsteuer als einzige Steuer, Spekulationssteuern, Steuer zuweisungsfreiheit)
· Triple-Budgetierung (ökonomische, ökologische und soziale Verträglichkeit)
· Bürgerhaushalte
· und so manches mehr was der menschlichen Kreativität entspringen mag.

Eine menschengerechte Wirtschaft hat die Befriedigung der Bedürfnisse der Menschen zum Inhalt. Auch in der globalisierten Wirtschaft, wo fast jeder für Andere arbeitet, sollten alle Menschen ihre Fähigkeiten frei assoziativ unter bestmöglichen Bedingungen einbringen können. Damit dies ohne Angst, seine Grundbedürfnisse nicht erfüllen zu können, möglich ist, sollte jedem Menschen ein bedingungsloses Grundeinkommen zustehen. Alle wirtschaftlichen Produkte und Dienstleistungen beruhen auf der Bearbeitung der Natur und dem Einsatz menschlicher Fähigkeiten, die beide bedingungslos zur Verfügung stehen. Nimmt man die Fähigkeiten der Menschen Ernst, ist das bedingungslose Grundeinkommen dazu der adäquate Kredit und nachweislich auch finanzierbar.

AussteigerInnen, Eremiten und bedingungsloses Grundeinkommen

Erwuessebildung, 3/2010

Von freiwilligen AussteigerInnen, die versuchen, sich aus eigener Motivation von den gesellschaftlichen Zwängen zu befreien, und nicht von sozialen Randgruppen soll hier die Rede sein. Eigentlich sollte dieser Text auf französisch verfasst werden, aber alle Wörterbücher übersetzen den Begriff „Aussteiger" mit „marginal" und das hat nun einmal den Beigeschmack von Ausgestoßenen. Bücher und Filme widmen sich diesem Thema, Hesses Siddhartha oder Sean Penns „Into the Wild". Aber wo gibt es sie in unserem normalen Alltag und Bekanntenkreis?

Meine erste Assoziation geht an einen Eremiten in meiner Kindheit. In einer Grotte zwischen Strassen und Mamer soll er gelebt haben. Als Kinder betraten wir diese Gegend immer mit einem mulmigen Gefühl im Bauch. Jeden einzelnen Mann, den wir nicht kannten und hier trafen, auch den harmlosen Spaziergänger, verdächtigten wir, der berüchtigte Eremit zu sein. Heute ist das Gelände privatisiert, eingezäunt und von Hunden bewacht. Würde zur jetzigen Zeit jemand versuchen, in einer Grotte zu leben, würde er wahrscheinlich riskieren, in einer psychiatrischen Klinik zu landen oder er hätte zumindest eine Besitzstörungsklage am Halse.

Wie soll man sich denn die heutigen Aussteiger vorstellen? Als Einsiedlermönch oder als Hippie? Beide Kategorien haben in unseren Gegenden eher Seltenheitswert. Ich denke da eher an Luxusaussteiger, das heißt wohlhabende Menschen, die es sich leisten können, auszusteigen und ein anderes Leben zu führen als die meisten ihrer Mitmenschen. Sie haben es geschafft, brauchen kaum mehr zu arbeiten, machen Extremsport in exotischen Ländern oder erwerben einen Flugschein und fliegen zum Golfen.

Braucht man also Geld zum Aussteigen? Das Problem ist, dass bei einem wirklichen Ausstieg neben Geldsorgen die Langeweile, Sprachschwierigkeiten, fehlende Sozialkontakte und Anerkennung zu echten Problemen werden können. Hat man eine bezahlte Arbeit, ist diese oft nicht nur Geldquelle, sondern auch der Ort, wo man einer sinnvollen Tätigkeit nachgeht und mit Kollegen und Kunden einen sozialen Austausch pflegt. Also nur einen Ausstieg bei stumpfsinniger Arbeit? Aber da ist ja dann wieder das Geldproblem!

Wäre heute der zeitgemäße Ausstieg vielleicht der Teilausstieg? Dies könnte Teilzeitarbeit sein oder aber ein Ausstieg über eine gewisse Zeitspanne, etwa bei Gefahr von Burnout, bei Lust nach Weiterbildung oder zur Kindererziehung. Die immer öfter diskutierte Idee eines bedingungslosen Grundeinkommens (www.mtk.lu/bge.html) könnte ein Schritt auf dem Weg zur Trennung von Einkommen und Arbeit sein. In unserer arbeitsteiligen Gesellschaft arbeiten sozusagen alle direkt als Lohnarbeiter oder indirekt und unbezahlt im Haushalt, in der Erziehung oder Pflege mit, um die wirtschaftlichen Produkte und Dienstleistungen aufrecht zu erhalten. So sind an jedem Produkt unzählige Menschen beteiligt. Wie soll man da noch ausmachen, wem welcher gerechte Lohnanteil zusteht? Jeder weiß auch, dass viele sinnvolle und notwendige Arbeiten nicht geleistet werden, weil das Geld fehlt. Die Trennung von Lohnarbeit und Ehrenamt ist ebenso wenig zeitgemäß, wie die von Arbeit und Einkommen!

Wären sie grundabgesichert, würden sicher einige Menschen aus der Lohnarbeit und den sinnlosen Warteschlangen am Arbeitsamt aussteigen. Freiheit statt Angst! Die Möglichkeit eines Ausstieges, als kreativer Einstieg in individuelle oder gemeinsame Projekte im familiären, kulturellen, sozialen oder ökologischen Bereich, würde sich eröffnen. Laut Umfragen, würde nämlich kaum ein(e) EmpfängerIn eines bedingungslosen Grundeinkommens aufhören zu arbeiten. Zukunftsweisende Aussteiger braucht das Land, statt resignierte, in die Flucht Getriebene, gelangweilte Überflussopfer oder „neue Männer“, wie es vor Jahren besungen wurde!

LESERBRIEFE

zum Thema "Bedingungsloses Grundeinkommen" (Alfred Groff und Robert Marie)

Negativsteuer und Bürgergeld statt RMG!?

Alfred Groff, Januar 2001

Die Verteilung des Reichtums und die Demokratie sind zwei Hauptpfeiler einer gerechteren Gesellschaft. Um die Ideale der französischen Revolution, die von der rezenten europäischen Charta der Bürgerrechte übernommen wurden, endlich umsetzen zu können und um Widersprüche zu vermeiden, wird es nötig sein, die drei Ideale auf drei verschiedenen Ebenen umzusetzen.

Die „Brüderlichkeit" (Solidarität oder Nächstenliebe) müsste im Wirtschaftsbereich Einzug halten. Die Basis hierfür wäre ein „neutrales" Geld, das die krebsartigen Auswüchse der Zinseszinsen und die Geldspekulationen ohne Arbeitseinsatz, verhindern würde. Die Überschuldung sowohl von Einzelnen wie von ganzen Nationen, eine zunehmende Verarmung von immer mehr Menschen und eine kontinuierliche Zerstörung der Natur und der Lebensgrundlagen könnten gestoppt werden.

Die „Gleichheit" hätte im Bereich des Rechtes und der Politik ihren Platz. Direktdemokratische Prozeduren, wie die einer dreistufigen Bürgergesetzgebung als sinnvolle Ergänzung des Parlamentes, könnten dieses Ideal einlösen.

Die „Freiheit" ist nötig auf dem Niveau der Erziehung (Förderung der individuellen Fähigkeiten, um sie für die Allgemeinheit nutzbar zu machen), der Information und der Kultur (Kreativität). Ein garantiertes Basiseinkommen ohne Vorbedingungen für alle („Bürgergeld") wäre die Grundlage, um die genannte Freiheit lebensfähig zu machen. Denn wem es an der Erfüllung der Grundbedürfnisse nach Nahrung, Wohnung, Sicherheit .... mangelt, wird der Gesellschaft kaum große Dienste leisten können. Die Erfahrung zeigt, dass Aussonderung und Armut die Tendenz haben, viele Betroffene und ihre

Familien in eine Spirale von Depression und Abhängigkeit zu führen.

Dass der Vorschlag des Bürgergeldes strukturell und finanziell umsetzbar wäre, wurde mehrfach bewiesen. An der Universität Ulm wurde ein gangbares Modell, basierend auf der Negativsteuer, ausgearbeitet. Die Privatbeamtenkammer, die Arbeiterkammer und verschiedene Gewerkschaften haben kürzlich in Luxemburg bekundet, dass sie ein Modell der Negativsteuer befürworten, damit auch die weniger wohlhabenden Bürger einen gerechten Anteil am gesellschaftlichen Wohlstand abbekommen.

In einer ersten Phase könnten aber auch die Arbeitsmaßnahmen im Rahmen der RMG-Prozedur, die sogenannten „ATIs" menschlicher gestaltet werden. Den Beziehern von einem sozialen Mindesteinkommen sollte die freie Wahl eines Arbeitsplatzes ermöglicht werden. Sozialarbeiter könnten der betreffenden Person die nötige Information und Begleitung geben, anstatt einen Arbeitsplatz für sie auszusuchen. In Frage kommen vor allem zunächst Initiativen der Zivilgesellschaft wie Umweltschutz, Nachbarschaftshilfe, Pflegedienste, Kinderbetreuung ... Die betreffende Initiative würde, bei Übereinkunft mit dem Ansuchenden, Gelder von öffentlicher Hand erhalten, um diesem Menschen einen regulären Arbeitsplatz zu gewähren. Erstens ist dies ein wichtiger Schritt zur sozialen Integration und zweitens ist die Motivation sicher höher, wenn man seine Fähigkeiten frei einsetzen kann im Vergleich zu "ziviler Zwangsarbeit".

In einer zweiten Phase würde das „Bürgergeld" den RMG ablösen. Dies hätte viele Vorteile:
* keine Sozialmassnahme, sondern ein gleiches Recht für alle
* eine Besserstellung der unteren Lohngruppen
* demütigende bürokratische Behördengänge und Stigmatisierung der Sozial-hilfeempfänger würden erspart bleiben
* Einsparung von Verwaltungskosten
* Reduktion der Steuerschlupflöscher und der Schwarzarbeit
* mehr Beschäftigung in unteren Lohngruppen
* neue Möglichkeiten für Personen, die die Teilzeitarbeit bevorzugen und somit eine Entlastung des Arbeitsmarktes
* Vermeidung der hohen sozialen und materiellen Folgekosten (Angst, Alkoho-lismus, Krankheit, Medikamentensucht, Verzweiflung, Überschuldung...)
* und vor allem die Freiheit zu wählen, wie man seine Fähigkeiten zum größten Wohle Aller umsetzt, sei es als Künstler, als Hausmann/frau, als Kindererzieher, als Pflegeperson von Angehörigen, als jemand der sich weiterbildet, als ehren-amtlich Tätiger im sozialen, kulturellen oder sportlichen Bereich ...

Ein Ja zum Bürgergeld im Jahr der „bénévoles" wäre eine zeitgemäße Entscheidung.

Bedingungsloses Grundeinkommen als Leitstern für die Zukunft!

Robert Marie, März 2006

In der Ausgabe vom 9. März 2006 schnitt Alfred Groff das Thema „bedingungsloses Grundeinkommen" an. Ich denke ein Allheilmittel für die Zukunft kann es nicht sein, ein Leitstern für die Zukunft allemal. Wie jemand kürzlich sagte:„Es ist wie ein Kleidungsstück, das uns zu groß geschneidert ist, aber wir ahnen, es könnte einmal passen, wenn wir wachsen." Das heißt wir können so ein System nicht mit einem Ruck einführen. Was wir aber können ist „revolutionär denken und evolutionär handeln". Diejenigen die die finanzielle Umsetzbarkeit eines bedingungslosen Grundeinkommens errechnet haben, kommen allemal zum Schluss, dass es prinzipiell machbar ist. Aber ist unser gesellschaftliches Bewusstsein schon soweit, über eine allgemeine Erkenntnis hinaus zu gelangen, dass in sozialen und menschenzentrierten Fragen im Moment. etwas schief läuft? Der deutsche Bundespräsident findet die Option zumindest prüfenswert. Also gibt es zumindest Ansätze eines so imminent wichtigen Umdenkens bei den Politikern? Vom Staat wird verlangt, dass er dabei seine vormundschaftliche Funktion in der Versorgung der sozial Schwächeren aufgibt! Das bedingungslose Grundeinkommen sollte das monetäre Gegenstück zu den Grundbedürfnissen eines jeden Bürgers sein. Um den notwendigen Willensimpuls zu erlangen, der sich, wie richtigerweise im oben genanten Artikel vorgeschlagen wurde, über direkt demokratische Verfahren herausbilden müsste, muss ein Weltbild fallen gelassen werden, das impliziert, dass einige Menschen es eigentlich „verdienen" arm zu sein. Das bedingungslose Grundeinkommen kann eine Orientierung sein in der Fahrt ins Ungewisse, die wir täglich vermehrt erleben!

1000€ gratis!

Robert Marie, April 2006

Das bedingungslose Grundeinkommen war Thema eines Leserbriefs im Tageblatt am 31.März 2006. Alfred Groff schlug betreffend der Höhe eines Grundeinkommens eine Orientierung an der EU-Armutsrisikoquote vor (60% des Medianeinkommens des Landes). Also etwa 1000€ gratis für jeden Bürger Luxemburgs. Ein solcher Vorschlag hängt natürlich eng mit dem Thema „steigende Arbeitslosigkeit" zusammen. Dies wiederum hängt meiner Meinung nach mit unserem Konsumverhalten zusammen. „Geiz ist geil" und Schnäppchenjagd dominieren das Verhalten vieler Käufer, aus Spaß oder Notwendigkeit sei mal dahingestellt. Viele Produkte können aber nur so billig angeboten werden, weil sie in der dritten Welt von Menschen in oft menschen-unwürdigen Umständen produziert werden. Und für die Menschen in Europa heißt das, dass Firmen wie TDK und viele andere auswandern und neue Arbeitslose hinterlassen. Man sollte nicht jede Schuld der Wirtschaft in die Schuhe schieben, die mit dem Verhalten der Masse der konsumierenden Menschen zusammenhängt. Und 1000€ gratis, wer würde die nicht gerne auch noch einstecken?

Bravo Herr Juncker!

Alfred Groff, November 2006

In der Frankfurter Rundschau vom 20. November 2006 antworteten Sie auf die Frage „Welche Mindeststandards halten sie in der EU für unerlässlich?" mit den Worten: „Ein Grundeinkommen. Das heißt: Jeder, der in einem EU-Mitgliedsland wohnt, hat Anspruch auf ein Mindesteinkommen." Ich nehme an, dass Sie damit ein bedingungsloses Grundeinkommen meinen, wie es im Wort am 9.März 2006 auf den Seiten sechs und sieben vorgestellt wurde (http://www.mtk.lu/grundeinkommen1.pdf). Sie wollen ja sicher nicht hinter den Vorschlägen des thüringischen Ministerpräsidenten Dieter Althaus zurückstehen, der ein bedingungsloses, solidarisches Bürgergeld für jeden deutschen Staatsbürger vorschlägt. Auch die Grundsatzkommission ihrer Schwesterpartei der CDU hat sich ja am 23. Oktober 2006 positiv zu diesem Konzept positioniert. Und ich dachte schon die Politik würde meistens die Probleme der Zukunft mit Problemlösungen der Vergangenheit angehen. Aber der Einsatz für ein bedingungsloses Grundeinkommen zeugt von einem Bewusstsein auf der Höhe der Zeit.

RMG radikal kürzen oder bedingungsloses Grundeinkommen einführen?

Alfred Groff, November 2007

Die Idee alter Tradition „Wer nicht arbeiten will, soll auch nicht essen" hat in Luxemburg leider noch Hochkonjunktur. Mehr als 50 Prozent sind in Luxemburg der Meinung, dass Arbeit eine Pflicht ist und dass Arbeitslosigkeit mit Faulheit gleichzusetzen ist.

Laut einer Eurobarometer-Studie aus dem Jahr 2003 sind 62 Prozent der Befragten der Ansicht, dass man egal welche Arbeit annehmen müsste, wenn man arbeitslos ist! Für Luxemburg schlug die OECD im Juli 2006 vor die Entschädigung, die Arbeitslose beanspruchen können, zu kürzen, ebenso die Bezüge mancher Bezieher des garantierten Mindesteinkommens.

Diese rückständige Denkart macht sich die populistische „Alternative Demokratische Reformpartei" zu Nutzen um zu fordern, dass der RMG radikal gekürzt werden sollte. Arbeit solle sich wieder lohnen! Wenn es denn welche gibt, auch für die Unmenge Nichtqualifizierter die wir leider in Luxemburg zu beklagen haben! Dass auch namhafte fortschrittlichere politische Kräfte ein bedingungsloses Grundeinkommen als eine sinnvolle und machbare Lösung ansehen ist beim ADR scheinbar noch nicht angekommen. Hier denkt man noch wie in der Zeit als der Bauer und seine Familie selber für sich sorgten und wenn sie nichts säten, hatten sie natürlich nichts zu ernten und zu essen. Im 21. Jahrhundert arbeiten wir alle in einer arbeitsteiligen Gesellschaft für andere und können ohne Einkommen überhaupt nicht arbeiten. Schon mancher Arbeitslose merkte, wenn er endlich wieder einen Job hatte, dass er sich ohne fremde Hilfe gar kein Ticket für den öffentlichen Transport leisten konnte, um zur Arbeit zu gelangen, geschweige denn sich einen Monat bis zum Erhalt des ersten Lohnes ernähren zu können.

Schon Albert Einstein sagte: „Probleme kann man niemals mit derselben Denkweise lösen, durch die sie entstanden sind." Aber das war ja auch ein ganz Gescheiter!

Ist ein bedingungsloses Grundeinkommen realistisch?

Robert Marie, Mai 2008

Am 24. April 2008 stellte Adolphe Faber im Tageblatt die Frage ob ein bedingungsloses Grundeinkommen nicht der Grundstein eines europäischen Sozialmodells sein könnte. „Besser noch als Minimalschritte zu gehen, sollte das wohlhabende Luxemburg in Europa eine Vorreiterrolle in Punkto bedingungsloses Grundeinkommen einnehmen, ohne Wenn und Aber!" hatte schon Alfred Groff am 10.November 2007 im Tageblatt die gleiche Richtung vorgeschlagen. Derselbe Alfred Groff war vor kurzem in der Dok Show auf RTL als Gast und trat auch dort für ein bedingungsloses Bürgergeld ein. Die Natur und ihre Schätze stünden den Menschen ebenso kostenlos zur Verfügung, wie ihre Fähigkeiten, mit denen sie die heutige Kultur und Produktivität geschaffen haben. Jedem stehe deshalb ein Basisanteil zu, meinte er dort. In der oben genannten Ausgabe vom 24. April forderte der Foyer de la femme von der Regierung die Einführung der Negativsteuer. Im Jahre 2000 hatte die Privatbeamtenkammer diese ebenfalls bereits in Spiel gebracht. Auf der luxemburgischen Webseite www.mtk.lu/bge.html fand ich weitere Information zum Thema. Alle diese Aufrufe und Forderungen gehen in die gleiche Richtung. Bei unserem deutschen Nachbarn stehen verschiedene Grundeinkommensmodelle zur Debatte: das „Solidarische Bürgergeld" (vom Thüringischen Ministerpräsident Dieter Althaus von der CDU), die „Basic Income Flat Tax" (vom Präsidenten des Hamburger Weltwirtschaftsinstituts Thomas Straubhaar), das „Ulmer Transfergrenzenmodell" (Helmut Pelzer), die „Grundeinkommensversicherung" (Michael Opielka), die „Grundeinkommensfinanzierung über Konsumsteuern" (Götz W. Werner), die „Grüne Grundsicherung", das „BAG Grundeinkommen der Linkspartei", das Bürgergeld der FDP" in Form einer negativen Einkommenssteuer." Die beiden Hauptfragen die immer gestellt werden lauten : „Ist ein bedingungsloses Grundeinkommen auch finanzierbar?" und „Werden viele Grundeinkommensbezieher auf der faulen Haut liegen?" Adolphe Faber legte erste Berechnungen für Luxemburg vor. In Deutschland kamen u.a. Helmut Pelzer der Universität Ulm, Ute Fischer der Universität Dortmund oder Michael Opielka der Fachhochschule Jena alle zu dem Schluss das ein bedingungsloses Grundeinkommen finanzierbar ist. Der Umstand, dass die Produktion der wirtschaftlichen Güter höher besteuert wird als die Früchte der Spekulation, zeigt dass es auch noch andere Wege geben würde die Finanzierung zu sichern, wenn man es nur wolle. Götz W. Werner hebt hervor, dass alle erforderlichen Geldströme zur Zahlung von bedingungslosem Grundeinkommen bereits jetzt auf steuerlicher Basis fließen. Die heutigen Sozialausgaben liegen bereits heutzutage höher als die Multiplikation der Zahl der Deutschen mit dem gesetzlich festgelegten Existenzminimum. Was spricht denn nun dagegen, dass die meisten Menschen nach der Einführung eines bedingungslosen Grundeinkommens nichts mehr tun werden? Das ist natürlich auch eine Frage der Definition der Arbeit. Hausarbeit, Kindererziehung, Altenpflege zu Hause oder ehrenamtliche Tätigkeiten in den verschiedensten gesellschaftlichen Bereichen ist das vielleicht keine Arbeit, weil sie meistens nicht oder kaum bezahlt wird. Viele sinnvolle Tätigkeiten können heute nur teilweise oder gar nicht geleistet werden, weil sie kein menschenwürdiges Überleben ermöglichen. Kaum einer glaubt von sich, dass er faul auf der Haut liegen würde, traut es aber wahrscheinlich eher anderen Menschen zu. Die Motivationspsychologie hat herausgefunden, dass das Einbringen von Fähigkeiten Glück erzeugt. Neben Geld und Glück spielen soziale Kontakte des Menschen eine wesentliche Rolle beim Einsatz der Fähigkeiten in einer Gemeinschaft. Mehrere Großexperimente in den Vereinigten Staaten zeigten, dass Grundeinkommensberechtigte sich   keinesfalls auf die faule Haut legten, denn endlich lohnte sich, anders als bei der Sozialhilfe, das Dazuverdienen. Grundeinkommen heißt ja gerade, dass man darüber hinaus soviel Einkommen erzielen kann, wie man bereit ist für die anderen Menschen eine Leistung zu erbringen. Dies geschieht nicht auf der   Basis von Angst, sondern auf der Basis von persönlicher Freiheit. Schlussendlich wurde empirisch festgestellt, dass es in Ländern ohne staatliche Existenzgarantie fast immer mehr Arbeitslose gibt. Die wenigen die nichts tun werden, gibt es auch bereits heute. Das Fazit ist eine bedingungsloses Grundeinkommen ist realistisch und realisierbar. Die Frage bleibt ob wir es   wollen oder einfach hoffen zu der abnehmenden Zahl der von den neoliberalen Strömen Verschonten oder gar Privilegierten zu gehören. Da könnte man genau so gut Lotto spielen. Kennen Sie jemanden der davon leben kann?

<u>**"Grundeinkommen oder Dreigliederung."**</u>

Alfred Groff, im Goetheanum 7 / Februar 2009

Zum Artikel „Grundeinkommen statt Dreigliederung ?"
von Maurice Le Guerranic, „Goetheanum" Nr.50/2008

Ist das überhaupt eine sinnvolle Frage? Die Behauptung, dass man in anthropo-sophischen Kreisen „nur noch" vom „Grundeinkommen für alle" als dem „Kulturimpuls Mitteleuropas" zu sprechen gewillt ist, bezweifele ich. Dann fragt sich, ob diese Idee aus dem Gesamtkonzept der Dreigliederung „hervorgehen" muss, um sinnvoll zu sein oder gar um eine zeitgemäße Dreigliederung zu unterstützen oder vorzubereiten. Ein Grundeinkommen für den „nicht aktiven Bevölkerungsanteil" muss nicht erst geschaffen werden, da er bereits jetzt über Transfereinkommen verschiedenster Art für 59% der deutschen Bürger Realität ist (siehe Film „Grundeinkommen" von Enno Schmidt und Daniel Häni). Das „bedingungslose" ist das menschengerechte an einem Grundeinkommen, da alle notwendigen wirtschaftlichen Anteile, die Natur und die menschlichen Fähigkeiten, zunächst kostenlos in der Welt sind. Dass ein „Grundeinkommen allein aus der Tätigkeit des in der Wirtschaft aktiven Bevölkerungsanteils herrühren" kann, stimme ich ebenfalls nicht zu. Sinnvollerweise würde ein Grundeinkommen von den Verbrauchssteuern der Konsumenten unserer arbeitsteiligen Gesellschaft herrühren, statt dass die Arbeit für andere eine Ware ist, die auch noch besteuert wird.

Der Sinn eines Grundeinkommens ist nicht die Beschneidung der Manager-löhne. Auch die Idee Gesetze einzuführen um Bürger dazu zu „verpflichten", mühsame Arbeiten auszuführen ist meines Erachtens unangemessen. Es ist klar, dass ein bedingungsloses Grundeinkommen verschiedene Menschen davon abhalten würde solche Arbeiten zu tun, zumindest für den gleichen Lohn wie bisher. Ein Mindestlohn und ein Grundeinkommen würden gerade erwirken, dass unangenehme oder gefährliche Arbeiten nur noch mit einem höheren Lohn geleistet werden würden. Eine „selbstlose Haltung gegenüber der Gemeinschaft" erwacht natürlich nicht automatisch durch ein Grundeinkommen, aber ein Leben ohne Grundexistenzängste wäre dieser Haltung sicher eher dienlich als das Gegenteil.

Ob Rudolf Steiner eine Idee, wie die des bedingungslosen Grundeinkommens vorgeschlagen hätte oder nicht, ist meines Erachtens rein spekulativ. Wichtig ist viel mehr, dass Menschen, die für die Dreigliederung im 21. Jahrhundert die richtigen Antworten finden wollen, eigenständig denken und von moralischer Technik angetrieben handeln. Bedingungsloses Grundeinkommen verhindert

101

auch keineswegs menschenwürdige Vertragsverhältnisse, die auf der Verteilung der Unternehmensgewinne unter allen Beteiligten gründen. Es gibt aber sicher auch Menschen, die sich mit einem Grundeinkommen mit oder ohne kleinem Zusatzverdienst begnügen, und die nicht in einem Unternehmen tätig sein wollen, aber für Mitmenschen, die Natur oder die Kunst arbeiten wollen. Schlussfolgernd möchte ich sagen, dass es nicht um Grundeinkommen statt Dreigliederung gehen kann, sondern nur um Grundeinkommen und Dreigliederung. Eine allen Aspekten des Menschseins gerechten Bildung, die Möglichkeit der Ergreifung direkt-demokratischer Ansätze und ein bedingungsloses Grundeinkommen könnten als Grundrechte eine ideale Basis für eine zeit- und menschengerechte Entwicklung der sozialen Dreigliederung in unserer Gesellschaft darstellen.

ABC des Grundeinkommens

Alfred Groff, auf www.rtl.lu am 04.11.2009

Ende September wurde in den "Carré Rotondes" im Rahmen der Ausstellung "Colours of Money" der Film "Kulturimpuls – Grundeinkommen" gezeigt. Der vollbesetzte Saal unterstrich das große Interesse. Die anschließende Diskussion zeigte, dass die Vorurteile aber genau so groß sind. Da wird von vorne weg abgewunken, das Grundeinkommen sei ja unbezahlbar. Experten haben aber schon lang das Gegenteil bewiesen. 90% der Betroffenen wollen im Falle des Erhaltens eines bedingungslosen Grundeinkommens weiter arbeiten, 80% aber glauben, die Mitmenschen würden das nicht tun!

Angesichts der aktuellen und zukünftigen Krisen eines auslaufenden Wirtschafts- und Politikmodells, tut zunächst eine Revolution des Denkens Not. Der erste Denkschritt erfordert die Entkopplung der Begriffe "Arbeit" und "Einkommen".

Was ist ein bedingungsloses Grundeinkommen?

Wie jedes Kind ein Kindergeld erhält, weil es ein Kind ist, so erhält jeder Erwachsene ein Grundeinkommen, weil er ein Mensch ist. Das Niveau der nationalen Armutsgrenze wäre der adäquate bedingungslos zu zahlende Betrag, um die Basisversorgung aller Bürger zu garantieren. Darüber hinaus könnten sie so viel arbeiten und dazu verdienen, wie sie es wünschen.

Warum ein bedingungsloses Grundeinkommen?

Mindestens fünf Gründe sprechen dafür:

* Der erste Grund ist ganz einfach die Menschenwürde. Jeder Mensch wird bedingungslos von seinen Existenzängsten befreit. Erfahrungswerte in Beratungsstellen für Überverschuldete zeigen eindeutig, dass auch "Bessergestellte" nie vor einem Absturz gefeit sind.

* Der zweite Grund ist ein philosophischer: Die Natur wurde ALLEN Menschen kostenlos geschenkt, bevor es zu Privatisierung oder Nationalisierung gekommen ist. Ebenso verhält es sich mit den Fähigkeiten, die jeder bei seiner Geburt mitbringt. Die Wirtschaft baut integral auf diesen menschlichen Fähigkeiten und der Transformation der Naturschätze auf.

* Der dritte Grund ist ein sozialer: Es geht um Gerechtigkeit. Warum werden verschiedene Arbeiten nicht mit Löhnen vergütet, die aber genauso wesentlich sind für unser Zusammenleben, wie z.B. viele Haushalts-, Erziehungs-, Pflege- oder Kulturarbeiten?

* Der vierte Grund ist ein eigennütziger: Wir leben nicht mehr in einer Wirtschaft, in der die Menschen größtenteils auf dem Lande leben und sich selbst ernähren können, sondern in einer arbeitsteiligen Wirtschaft. Man denke nur an eine Flasche Wasser: Der Verkäufer, der Wassergewinner, der Erbauer der Pumpe, der Flaschenhersteller, der Etikettdrucker, der Papierhersteller, der Lastwagenfahrer, diejenigen, die die Kleider und das Essen all dieser Menschen hergestellt haben usw. Wenn man den Gedanken weiterspinnt, merkt man, dass es ein unendliches Netzwerk von Menschen ist, die am Entstehen einer einzigen Flasche Wasser beteiligt sind. Wer dabei welchen Anteil am Zustandekommen des Produktes hat, ist nicht genau feststellbar. Wir brauchen, um unsere Bedürfnisse zu erfüllen, möglichst viele einsetzbare Fähigkeiten. Deshalb ermöglicht ein am Monatsanfang gezahltes Grundeinkommen den Einsatz aller Fähigkeiten für die anderen Mitmenschen, also auch für uns.

* Der fünfte Grund ist ein wirtschaftlicher: Es ist sicher sinnvoller Geld direkt an die Konsumenten zu geben, um die Wirtschaft zu fördern, als marode Betriebe zu retten, die vielleicht wirtschaftlich noch von Nutzen sein könnten, wenn denn alles gut liefe.

Wie wird das bedingungslose Grundeinkommen finanziert?

Da alle vom bedingungslosen Grundeinkommen profitieren, sollten es auch alle zusammen finanzieren. Es gibt verschiedene gangbare Modelle, doch dasjenige über Konsumsteuern erscheint der sinnvollste. Schlussendlich konsumieren alle. Damit das Ganze nicht asozial wird, sollte die Konsumsteuer gestaffelt sein, je nachdem, ob es eher ein lebensnotwendiges Konsumgut ist oder ein Luxus- bedürfnis befriedigt. Idealerweise müsste jeder Spekulationskauf mit einer Konsumsteuer belegt sein. Gegen die Finanzierung über die Einkommen, wie wir das bisher gewohnt sind, sprechen vor allem zwei Gründe: Erstens sollte niemand bestraft werden, wenn er für die anderen Menschen arbeitet, sondern man sollte zahlen, wenn man etwas nimmt das andere geschaffen haben. Zweitens wird die Zahl der für Einkommen Arbeitenden mit dem technischen Fortschritt und der Automatisierung weiter sinken. Zu bedenken ist noch, dass bereits jetzt viele Menschen eine Art Grundeinkommen erhalten, in Form von Sozialtransfers einerseits oder Privilegien, wie etwa steuerliche Absetzungen, andererseits. Hier würden keine Zusatzkosten entstehen, der Name müsste nur geändert werden. Viele bestehende staatliche Leistungen würden entfallen und es würde ein großer kostspieliger administrativer Aufwand eingespart. Aber es geht noch günstiger!

Wie kann das bedingungslose Grundeinkommen eingeführt werden?

Durch die Einführung einer umlaufgesicherten regionalen Komplementärwährung, wie sie bereits vielerorts in Deutschland mit Erfolg praktiziert wird, hätte man ein Instrument zur Finanzierung eines bedingungslosen Grundeinkommens in der Hand, das zudem noch die regionale Wirtschaft fördert. Der Wirtschaftswissenschaftler Hans Christoph Binswanger, emeritierter Professor für Volkswirtschaftslehre an der Universität St. Gallen, der die Idee einer ökologischen Steuerreform entwickelte und als profilierter Geldtheoretiker und Wachstumskritiker gilt, hält diesen Weg für durchaus realistisch.

Die Einführung des Grundeinkommens ist aber weniger eine Finanzfrage als eine Kulturfrage. Götz Werner, Besitzer der DM-Drogeriemarktkette, meint, die Wirtschaft wäre da, um den Menschen von der Arbeit zu befreien. Wollen wir also, dass der sich mehrende Stress abgebaut werden kann und nicht nur einer gegen die anderen in der Wirtschaft zur Profitmaximierung arbeitet, so müssen wir uns und unsere Jugend auch bildungs- und bewußtseinsmäßig darauf vorbereiten. Eine stufenweise Einführung des bedingungslosen Grundeinkommens scheint also sinnvoll. Am besten geeignet wäre die Form der direktdemokratischen Volksgesetzgebung, wie sie ja im jetzigen Regierungsprogramm vorgesehen ist. Die Durchführung sollte dreistufig sein: Volksinitiative, Volksbegehren und bindender Volksentscheid. Eine Medienklausel, die einen gerechten Informationszugang und einen längeren Dialog aller Menschen, ob einfache Bürger oder Spezialisten, welcher Couleur auch immer, ermöglichen würde, würde die Bewusstseinsfrage und das Interesse günstig beeinflussen.

Das bedingungslose Grundeinkommen ist ein sinnvoller Schritt in eine zeitgemäße Zukunft, aber sicher nicht die Lösung aller Probleme.

Der Mensch ist auf der Welt zum arbeiten.

**Alfred Groff im Luxemburger Wort am 03.04.2010,
im Tageblatt am 7.04.2010 (Vollbeschäftigung statt Arbeit!)
und im Journal am 14.4.2010 (Jeder arbeitet! Jeder braucht Einkommen!)**

Was ist Arbeit?
Arbeit heißt etwas zu tun, was einem oder mehreren Mitmenschen dient. Eine weltzentrierte Wirtschaft tut dies im Bewusstsein des Miteinanders aller Menschen. In jedem Produkt und jeder Dienstleistung steckt direkt oder indirekt die Arbeit unzähliger Menschen.

Um dies weiterhin tun zu können, müssen alle ihre physischen Grundbedürfnisse erfüllen können. Dazu brauchen sie ein Einkommen. Dies könnte das bedingungslose Grundeinkommen sein. Jeder Bürger erhält eine gesetzlich festgelegte und für jeden Bürger gleiche finanzielle Zuwendung (Gleichheit), die die Existenz und die gesellschaftliche Teilhabe sichert (Brüderlichkeit = Solidarität und Angstabbau) und für die keine vorher definierte Gegenleistung erbracht werden muss (Freiheit).

Neben dem physischen Grundbedürfnis hat der Mensch das seelische Grundbedürfnis des sinnvollen Handelns. Arbeiten sollte der Mensch in freier Selbstbestimmung aus seinem inneren kreativen Impuls heraus. Das dritte Grundbedürfnis heißt sozialer Austausch und gesellschaftliche Teilhabe. Der Mensch möchte mit anderen gemeinsam etwas erschaffen, tauschen und kommunizieren.

Geld, Beziehungszusammenhang und sinnvolle Tätigkeit sind auch heutzutage die Hauptmotivationsfaktoren der Lohnarbeit. Geldspekulationen und grenzenlose Gewinnsucht Einzelner verhindern jedoch gerade dies. Sie schüren die drei Grundängste vieler Menschen, nämlich die Angst des physischen Verfalls (Krankheit bis Tod), der seelischen Sinnlosigkeit (stupide Tätigkeit für sinnlosen Konsum) und der sozialen Einsamkeit (Anonymisierung).

Seelische und soziale Aspekte entstehen im Menschen selbst, aber wo entsteht das Grundeinkommen? Die Basis alles Wirtschaftens ist die Natur sowie die menschlichen Fähigkeiten, die beide dem Menschen kostenlos, von einer ihn transzendierenden Kraft, zur Verfügung gestellt wurde. Vieles haben schon vorherige Generationen mit viel Schweiß und Mühe geschaffen. Wir profitieren davon. Wir müssen also weiter auf die Entwicklungsfähigkeit des Menschen vertrauen, sie erhalten und fördern. Wie die Produktion Kredite braucht (am besten zinslos von einer gemeinnützigen Treuhandstelle), so braucht auch der Einzelne des Kredites, hier bedingungsloses Grundeinkommen genannt, um seine Fähigkeiten und Arbeitsimpulse umzusetzen. Kaum einer will nichts arbeiten und man kennt kaum Menschen die, abgesehen von Krankheit und Behinderung oder Ruhe- und Weiterbildungszeiten nichts, im Sinne der obigen Definition arbeiten würden. Um diese Arbeitsbeiträge aller zu ermöglichen, kann das Grundeinkommen als umlaufgesichertes Regionalgeld in Umlauf gebracht werden. Die Menschen arbeiten und konsumieren. Das Geld zirkuliert und anstatt Zinsen zu erwirtschaften „altert" das Regionalgeld, wenn es seinen Zweck erfüllt hat. Vor allem die lokalen öffentlichen Behörden und Geschäfts-leute können ihren Überschuss an altem Geld durch eine Gebühr in erneuertes umwandeln. Dadurch wird der administrative Aufwand finanziert und kostet kaum mehr als etwa die üblichen Kreditkartengebühren die ein Geschäftsmann heutzutage zu zahlen gewohnt ist. Die heutigen üblichen Inflations- und Schuldenfallen sind gebannt. Komplementär dazu können die heute üblichen Währungen weiter ihre Rolle für den Welthandel spielen. Inneres Wachstum in Form erhöhter Kreativität und Lebensfreude beim Arbeiten können dem äußeren Wirtschaftswachstum und dem Konsumzwang den Rang ablaufen.

WACHSTUM und VOLLBESCHÄFTIGUNG

Tetraedrisches Bewusstsein: Dreigliederung dreidimensional

Der Mensch: innen

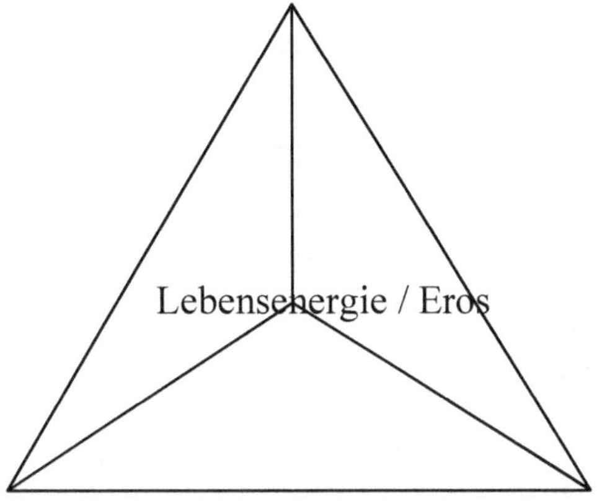

Der Mensch: aussen

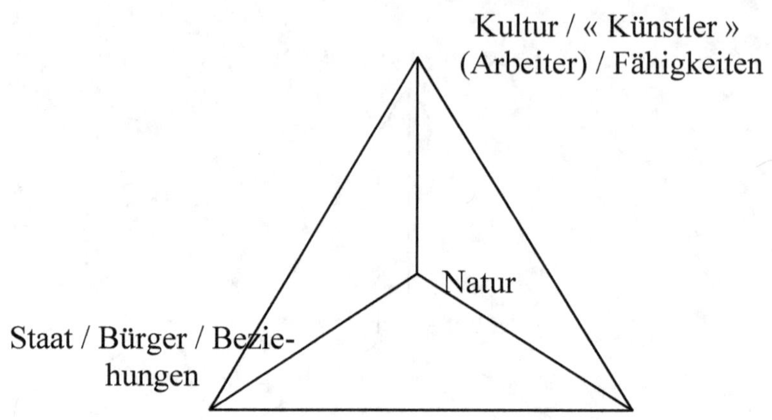

Der Mensch: im Hier und Jetzt

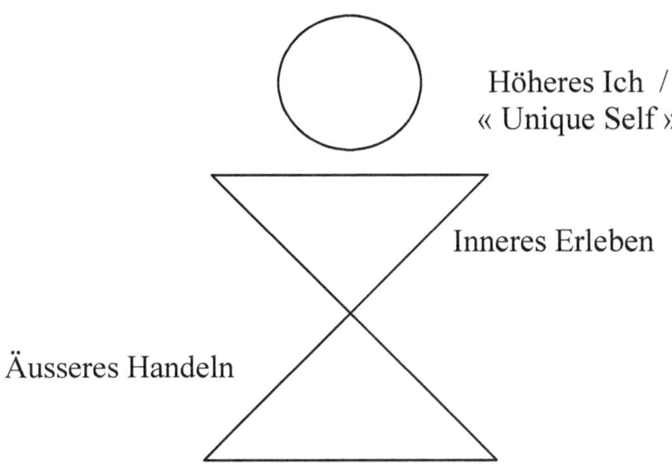

Die Ängste

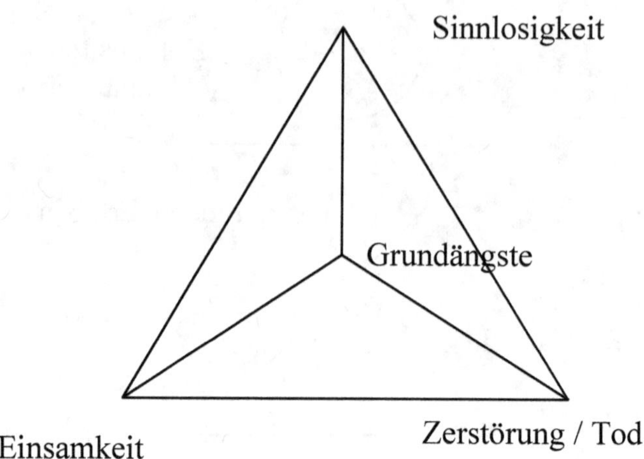

Die Arbeit

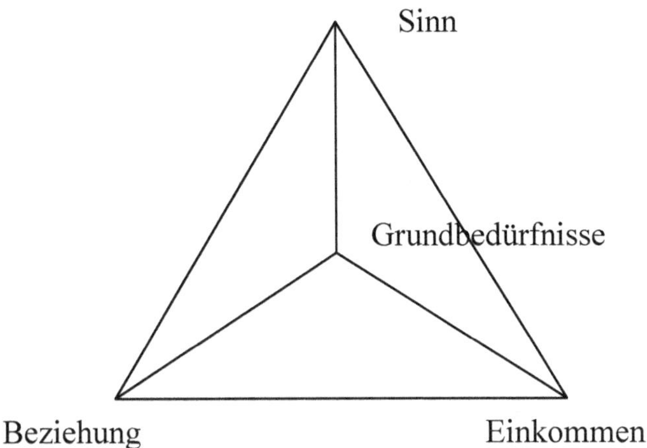

Arten der Arbeit

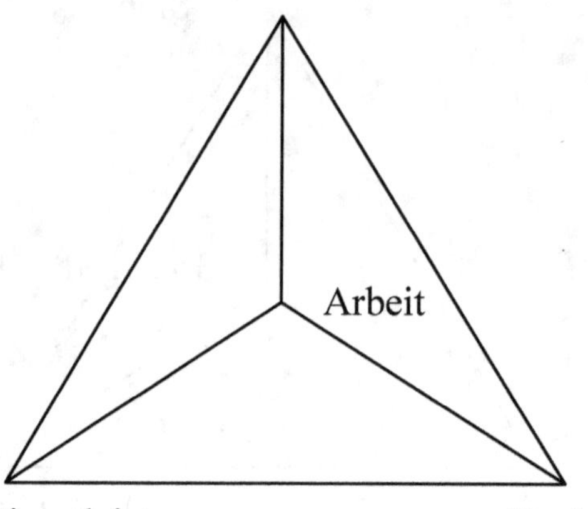

Erfordernisse

*   Produkt:

    möglichst viel mit wenig Aufwand

*   Dienstleistung am Menschen:

    viel Aufwand für kleine Resultate

Ja, aber …

Brauche ich es wirklich?
Produkt
Wie wurde es produziert?
Was enthält es alles?

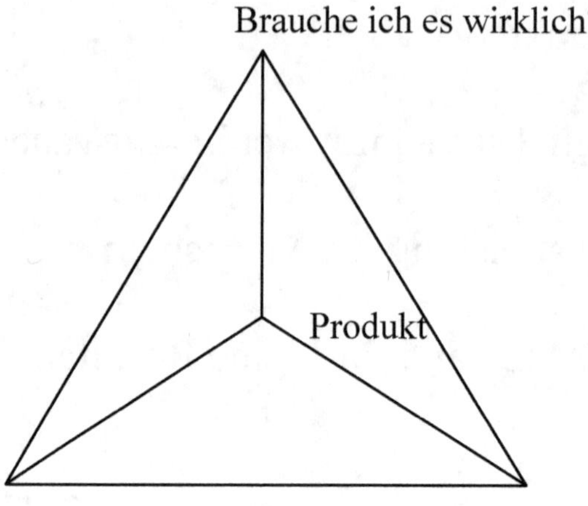

Arbeit am Menschen

* Wachstum = menschliche Entwicklung

  im Mittelpunkt maximieren!

* Vollbeschäftigung

  Arbeit am Menschen / Tier / Natur
  geht nie aus!

Freiheit, Gleichheit, Brüderlichkeit

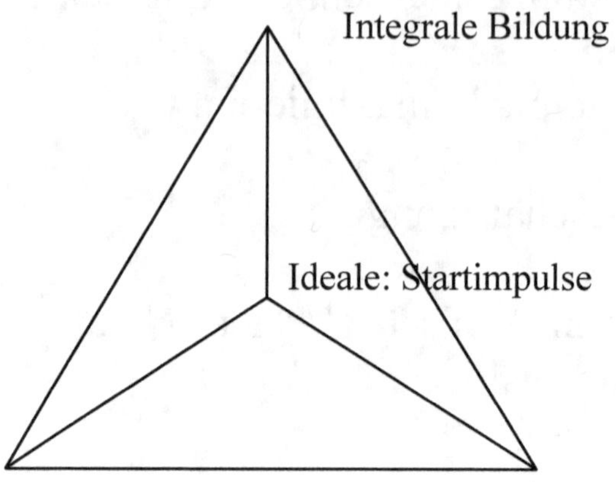

Jeder Mensch ist ein …

* « Künstler »
  (Arbeiter an der sozialen Skulptur)

* « Bürger » (Partner, Familie, Freunde,
  Weltenbürger: Rechte und Pflichten)

* « Produzent-Konsument »
  (Wir leben von der Arbeit der Anderen)

Der Mensch ist auf der Welt um zu arbeiten

… für den Anderen

(Be-RUF-ung / Ver-ANTWORT-ung)

Den Geist / Sinn findet man nicht oben,
sondern im Gegenüber!

– freiheitsfreundlich – partnerschaftlich – solidarisch –

Thema Liebe?

Alfred Groff
(www.mtk.lu/groff.htm)

Doktorat in Psychologie, Psychopathologie und Psychiatrie der Paris-Lodron Universität Salzburg

Psychotherapeut (Gesprächspsychotherapie, Focusing, Transpersonale Psychotherapie, anthroposophische Psychotherapie)

Leiter einer Beratungsstelle zur sozialen Integration von gesellschaftlichen Randgruppenmitgliedern

Vorsitzender der Luxemburgischen Gesellschaft für Transpersonale Psychologie (www.mtk.lu - www.mtk.lu/idee.html - www.mtk.lu/eapnlux.html)

Initiator des Institutes für Integrale Praxis, Mehr Demokratie und Soziale Dreigliederung (www.mtk.lu/ideeinstitut.html)

Präsidiumsmitglied der Initiative zur Erweiterung der Demokratie (www.demokratie.lu)

Präsident von „Horizon" (www.tauschkrees.lu)

Präsidiumsmitglied der Gesellschaft für Personenzentrierte Psychotherapie und Forschung
(www.mtk.lu/gpf.htm - www.mtk.lu/psylux.htm)

Koordinator des Luxemburger Sozial-Forums (www.forumsocial.lu)

LITERATURLISTE

siehe Bibliothèque Nationale Luxembourg:
http://aleph.etat.lu/F/STLCF4CS4SISNJK2NNMFU1DKQG6JU8EJJME82PBD8FVQF
K6JBH-02224?func=find-
b&find_code=WAU&request=Groff+Alfred&adjacent=N&x=32&y=8

Thema Integration

Soziale Schicht, kognitive und sprachliche Merkmale und Schulleistung.
Dissertation. Naturwissenschaftliche Fakultät der Universität Salzburg (1979).

Pädagogische, psychologische und soziale Hilfe für Kinder in Luxemburg.
Luxemburger Wort, 129, 3 (1982).

Präventiv-Integrative Förderung im Vorschulalter
Als Beispiel: „Day programs for moderately disturbed children". Bulletin ANCE 48,
25-64 (1984)
siehe auch: **Eric Document ED** 232 365, EC 152 645

Prävention und alternative Massnahmen in den Bereichen Fremdplazierung
bzw. Heilpädagogik, **Conseil de l'Europe** (1984).

„Guide Pratique" des réalisations médico-pédagogiques et psycho-pédagogiques au
Luxembourg, Groff A. et al., **ANCE** – Association Nationale des Communautés
Educatives (1985).

Heimeinweisungspraktiken und Ursachen. In: Aktuelle Probleme Jugendlicher in der
Heimerziehung in Europa, 233-237 (zusammen mit Christine Wirion) .
FICE **Fédération Internationale des Communautés Educatives**, Zürich (1986).

Schaffen wir die Kinderheime ab?! **Bulletin ANCE** 69, 19-22 (1990).

Les placements de jeunes dans un centre d'accueil en 1991 (zusammen mit Jos Nigra).
Rapport d'Activité du Centre d'Information et de Placement **CIEP** (1992).

Eltern und Lehrer klagen : So ein Zappelphilip! Was tun? **Tageblatt**, 74, 29 (1992).

Integration, nein danke?! (Leserbrief 1997) www.mtk.lu/integration.htm

Heimeinweisungen in den 90er Jahren (Heimplazierungen 1990-1999). **Forum** 195,
12-17 (1999). http://www.mtk.lu/heimplazierungen.htm

Heimplazierungen - eine Chance fürs Kind!? (Leserbrief 1999)
www.mtk.lu/lbheimchance.htm

Transpersonale-Personenzentrierte Sozialarbeit - Sozialarbeit als Unterstützung einer
ganzheitlichen sozialen Integration und einer bewussten persönlichen Entwicklung.
Jahresbericht 1999 des „Service de Consultation Socio-Pédagogique CSP, Inter-Actions
a.s.b.l." (2000) (als **Interview im Lëtzebuerger Journal** vom 30. September 2000).
www.mtk.lu/inttranssozarb.htm

Erinnerungen an die Schwangerschaftszeit und die ersten Lebensjahre von "Elteren fir Integratioun". **Zesummen** - Elteren a Pedagoge fir Integratioun a.s.b.l. Nr 24, 4/2001.
www.mtk.lu/epi.html

Intégration naturelle: Oui, oui et oui! (Leserbrief 2003) www.mtk.lu/ouiintegration.html

<u>Thema Psychologie</u>

Psynfo 1-77, Bulletin de la Société Luxembourgeoise de Psychologie (1985-1998) (als Herausgeber)

Humanistische Psychologie: Veränderung von innen und aussen. **Psynfo** 18, 9-20 (1988).

Humanistische Psychologie als Anstoss zum Handeln unter einem neuen, vertieften Bewusstsein in der Heimerziehung. **Bulletin ANCE** 64, 13-32 (1988).

Geben und Nehmen – Der Mensch im Mittelpunkt von Psychologie, Politik und Wissenschaft.
Psynfo 31, 3-10 (1990).

Humanistisch- und transpersonalpsychologische Interventionen zur Förderung der Autonomie und der sozialen Integration von Randgruppenmitgliedern. **Psynfo** 44-45, 11-38 (1992).

Klinischer Psychologe – psychologischer Therapeut, **Psynfo** 49, 3-6 (1993).

Anerkennung des Berufes „Psychotherapeut"? (Leserbrief 1997)
www.mtk.lu/lbpsychotherapie.html

Transpersonale Gesprächspsychotherapie: Der MTK-Prozess. **Psynfo** 74-75, 15-26 (1997).
www.mtk.lu/artikel.htm

Visionen & Projekte: MTK-SEN Luxemburg, **Phönix**, Spiritual Emergence Network, Freiburg, Okt. 1997. www.mtk.lu/MTK Phoenix.pdf

Meditation-Transformation-Kommunikation: Was ist transpersonale Gesprächspsychotherapie?
MTK-Info 2-4, 5-6 (1998).

Klinische Psychologie im Spiegel des luxemburger Vereinslebens.
Die Tätigkeiten der „psychologischen Vereinigungen" als ein Bild der „Psychologie", insbesondere der Klinischen Psychologie" in Luxemburg im 20. Jahrhundert. Cahiers de Psychologie, fascicule II,41-72 . **Centre Universitaire de Luxembourg**. Luxembourg 1999 (ISBN 2-87971-223-8).
http://www.mtk.lu/psylux.htm

- INSPIRATIONEN -

**"Evolution ist Gottes Spiel mit sich selber -
der Mensch ist eine Spielfigur im Sein und Werden."**

Mein (M)	Transpersonaler (T)	Kern (K)
Eros (S)	Bewusstseins-erweiterung (D)	Musik (R)
Bedingungsloses Grundeinkommen	Integrale Bildung	Direkte Demokratie
Körper Wirtschaft Wollen Bedürfnisse Konsument	Geist Kultur Denken Fähigkeiten/Kreativität Künstler	Seele Politik Fühlen Kommunikation Bürger
Ideale und Tabus		
Brüderlichkeit/Solidarität Sex / Tod	Freiheit Geld („Kapital")	Gleichheit Macht

Realität = Bewusstsein + Entscheidung

<u>Mäin transpersonale Käer
Lëtzebuerger Gesellschaft fir Transpersonal Psychologie"
a.s.b.l.</u>

DIE STATUTEN

Zwischen den Unterzeichneten und all jenen, die später beitreten werden, wird eine Vereinigung ohne Gewinnzweck begründet, die durch die vorliegenden Statuten und durch das Gesetz vom 21. April 1928 über die Vereine und die Stiftungen ohne Gewinnzweck, und dessen Veränderungen durch die Gesetze vom 22. Februar 1984 und 4. März 1994, geregelt wird.

Art.1. Bezeichnung

Name des Vereins "Mäin transpersonale Käer, Lëtzebuerger Gesellschaft fir Transpersonal Psychologie" a.s.b.l..

Art.2. Geschäftssitz

Der Gesellschaftssitz ist Luxemburg-Stadt.

Art.3. Gegenstand der a.s.b.l.

° Die ganzheitliche Förderung einer bewussten individuellen geistig-seelischen Entwicklung und der sozialen Integration seiner Mitglieder.

° Die Begleitung und Hilfestellung bei Schwierigkeiten und Krisen im Rahmen der geistig-seelischen Entwicklung, unter absoluter Achtung der Würde und der individuellen Freiheit des Betroffenen.

° Die integrale Entwicklung der Gesellschaft zu impulsieren durch die Schaffung verschiedener Initiativen (MTK-IDEE: „Initiative für mehr (direkte) Demokratie, eine freie kulturell-kreative individuelle Entfaltung und eine solidarisch-ökologische wirtschaftliche Entwicklung", EAPN Lëtzebuerg : „Initiative von betroffenen und solidarischen Bürgern gegen Armut und für Integration, für die Entwicklung aller Fähigkeiten, für Assoziative Wirtschaft, für Partizipatorische Demokratie und für Neutrales Geld", u.a.).

Sie versteht sich als

° regionale Zelle des internationalen Netzwerkes "Spiritual Emergence Network" (MTK-SEN),

° luxemburgischer transpersonaler Verein (MTK-LTG), der zum Ziel hat interdisziplinäre transpersonale Aktivitäten, sowie den Austausch mit zielgleichen ausländischen Organisationen, zu fördern.

° Teil des internationalen Netzes der Zivilgesellschaft, die ein solidarisches und umweltverträgliches Zusammenleben aller Menschen anstrebt, in einer Welt wo Freiheit, Gleichheit und Brüderlichkeit sich in den Bereichen Kultur, Rechtswesen und Wirtschaft verwirklichen (MTK-IBG: Integrale Bewusstseins - und Gesellschaftsentwicklung).

INITIATIV FIR DEMOKRATIE-ERWEIDERUNG (ID)
a.s.b.l.
(Initiative zur Erweiterung der Demokratie, Initiative pour la promotion de la démocratie)
dit: „DEMOKRATIE asbl"

LES STATUTS

Entre les soussignés et tous ceux qui seront admis par la suite, il est constitué une association sans but lucratif, régie par les présents statuts et par les loi du 21 avril 1928 et du 4 mars 1994 sur les associations sans but lucratif.

I. Dénomination, Siège, Objet

Art.1er. L'association est dénommée INITIATIV FIR DEMOKRATIE-ERWEIDERUNG (ID), association sans but lucratif (Initiative zur Erweiterung der Demokratie, Initiative pour la promotion de la démocratie). Son siège social est établi à Bertrange.

Art.2. L'association poursuit les buts suivants dans la plus stricte neutralité politique et religieuse:

« 1) En **Demokratie-Forum** ze erméigelechen, wou all Interessenten (Individuell Teilnehmer oder Vereinsvertrieder) sech kënnen zu Froen zur Erweiderung vun der Demokratie, zur direkter-partzipativer Demokartie oder zu Formen vun Demokratie (z.B. Biergergesetzgebung, Referenden, Bierger-budgeen, Steierfreiheet …) austauschen an Aktiounen initiéieren, suwuel zu Lëtzebuerg wéi och an Europäeschen Netzwierker. Och en Internet-Forum soll agericht gin : www.demokratie.lu).

2) Den " **Institut für integrale Praxis, mehr Demokratie und soziale Dreigliederung** " ze verwalten. Dësen Institut huet folgend Aufgaben:

2.1.) ze hëllefen déi bestehend Demokratieformen ze erweideren durch Informatioun, Publikatiounen, Vernetzung a Fuerschung.
2.2.) sech der Verdéiwung vum Demokratiebegrëff an dem dermatt zesummen-hängenden Geldbegrëff ze widmen
2.3.) sech Froen zum Zesummenhang vun Demokratie an sozialer Dreiglidderung vun der Gesellschaft ze widmen
2.4.) sech Froen vun der individueller integraler Entwëcklung an hirem Zeseummenhang mat Mënscherechter a Mënschepflichten ze widmen. »

NETZWERK dieser zwei VEREINE:

Spiritual Emergence Network: http://www.senev.de/

Integrales Forum: http://if.integralesforum.org/

INKA Achberg: http://www.medianum.info/linkliste/index.html

Initiative Netzwerk Dreigliederung: http://www.sozialimpulse.de/

Omnibus für direkte Demokratie: http://www.omnibus.org/

KIP: http://integrale-politik.org/ und http://www.holon-net.net/